Willi Hoffsümmer

155 Ideen für Feiern mit Senioren

Gottesdienste – Geschichten – Gebete

Schwabenverlag

VERLAGSGRUPPE PATMOS

PATMOS
ESCHBACH
GRÜNEWALD
THORBECKE
SCHWABEN
VER SACRUM

Die Verlagsgruppe
mit Sinn für das Leben

MIX
Papier | Fördert gute Waldnutzung
FSC www.fsc.org FSC® C083411

Klimaneutral
Druckprodukt
ClimatePartner.com/14549-2003-1001

Die Verlagsgruppe Patmos ist sich ihrer Verantwortung gegenüber unserer Umwelt bewusst. Wir folgen dem Prinzip der Nachhaltigkeit und streben den Einklang von wirtschaftlicher Entwicklung, sozialer Sicherheit und Erhaltung unserer natürlichen Lebensgrundlagen an. Näheres zur Nachhaltigkeitsstrategie der Verlagsgruppe Patmos auf unserer Website www.verlagsgruppe-patmos.de/nachhaltig-gut-leben

Erweiterte und veränderte Neuausgabe von
»133 Ideen für Feiern mit Senioren. Gottesdienste – Geschichten – Gebete«

2. Auflage 2023

www.schwabenverlag-online.de

Umschlaggestaltung: Finken & Bumiller, Stuttgart
Umschlagabbildung: TierneyMJ/Shutterstock.com
Gestaltung und Satz: Schwabenverlag AG, Ostfildern
Druck: CPI books GmbH, Leck
Hergestellt in Deutschland
ISBN 978-3-7966-1772-0

Inhalt

II. Gottesdienste zu verschiedenen Themen

III. Acht Abschiedsfeiern für Verstorbene

IV. Festansprachen zu Jubiläen

V. Kurzgeschichten für verschiedene Anlässe

Ein Wort zuvor

Fachleute sagen: Wer in den Ruhestand geht mit der Einstellung: »Das war es also« oder in der Furcht lebt, dass jetzt alles zu Ende ist, der baut schnell ab. Dabei birgt diese Lebensphase ja auch große Chancen, denn Geist und Seele müssen ja nicht altern. Jeder Mensch ist so jung wie sein Denken. Der Ruhestand kann eine neue Herausforderung, ein neues Abenteuer werden, denn unsere Erfahrungen, ja unsere Weisheit sind eine Bank, von der wir leben können. Wie lächerlich war über viele Jahre die Einstellung bei vielen Firmen in unseren Breitengraden, einen Stellungssuchenden abzuweisen, weil er über vierzig Jahre alt war, in manchen Berufen war die Schwelle noch niedriger! In Amerika werden qualifizierte Pensionäre als Begleiter wieder eingestellt, weil sie einen Erfahrungsschatz besitzen und Energie, Ausdauer, ja Heiterkeit ausstrahlen. Es beginnt sich auch in unserer Gesellschaft herumzusprechen, wie wertvoll ältere Mitbürger/innen sind.

Die fruchtbarsten Jahre des Lebens *können* zwischen 65 und 95 Jahren liegen. Sokrates lernte noch im Alter von 70 Jahren mehrere Musikinstrumente spielen und bis zur Meisterschaft beherrschen. Michelangelo schuf seine bedeutendsten Gemälde im Alter von 80 Jahren. In diesem Alter beendete Goethe seinen »Faust« und begann Ranke seine »Weltgeschichte«, die er mit 91 beendete. Mit 88 stand John Wesley noch an der Spitze der Methodisten. Newton war noch mit 85 Jahren rastlos tätig. Und vergessen wir Konrad Adenauer nicht, den ersten deutschen Bundeskanzler!

Geduld, Güte, Liebe, Hilfsbereitschaft, Freude, Weisheit, Verständnis, das alles sind Eigenschaften, die niemals alt werden. Wer sie immer höher ausbildet und in seinem Leben verwirklicht, wird an Geist und Seele jung bleiben, ja selbst mit dem Körper dynamisch. Wir werden alt, sobald wir zu träumen aufhören, das Interesse am Leben verlieren oder zänkisch werden.

Das schreibe ich deshalb so ausführlich, damit alle, die mit diesem Buch arbeiten, mit der richtigen Einstellung auf ältere Menschen zugehen: In den Gottesdiensten, Kurzgeschichten und Ansprachen usw. muss Zuversicht zu spüren sein und eine positive Sicht Mut machen.

Dass etwas davon gelingt, wünscht

Ihr
Willi Hoffsümmer

I. Gottesdienste durch das Kirchenjahr

Hinweise

1. Nicht nur *für* ältere Menschen, sondern auch *mit* ihnen feiern; d.h. sie einbinden, wo es möglich ist: Gegenstände verteilen, Lesungen, Fürbitten, Meditationen vorlesen lassen. Im Liedgut hauptsächlich beliebte Lieder einsetzen, die fast therapeutische Wirkung haben. Auch Begabungen älterer Menschen einholen, die mit ihrem Instrument eine Stille füllen können, oder die Fürbitten mit einer meditativen Musik unterlegen.
2. Der grobe *Ablauf eines Gottesdienstes als heilige Messe:* Lied / Begrüßung / Gebet / Lied / Geschichte oder Lesung / Lied / Evangelium / Ansprache / Fürbitten / Eucharistiefeier / Vaterunser / Dankpsalm oder Meditation / Segen / Lied.
   Ablauf als Wort-Gottes-Feier: wie oben Lied bis Fürbitten.
   Nach dem Vaterunser kann auch die heilige Kommunion gereicht werden.
   Dankpsalm / Meditation / Segen / Lied (vgl. auch GL ab Nr. 668).

Advent / Weihnachten – Dezember

1. Stimmgabel Gottes sein

Vorbereitung

Eine Stimmgabel mitbringen.

Hinführung

(L. zeigt die Stimmgabel:) Wir haben schon oft so eine Stimmgabel gesehen: Der Chorleiter oder die Chorleiterin braucht sie, wenn er den Sängerinnen und Sängern die richtige Tonhöhe für den Einsatz geben will. *(L. schlägt die Stimmgabel an und lässt sie verklingen)* In den schrillen

Tönen dieser Welt, manchmal im allgemeinen Katzenjammer brauchen auch wir den richtigen Ton für die Liebe, das Vertrauen und die Hoffnung auf Mehr, denn Ehrlichkeit und Offenheit, Gerechtigkeit und Glauben haben wie zu allen Zeiten einen schweren Stand.

Lesungen

Phil 1,8–11: Es kommt auf die Liebe an;
Lk 3,1–6: Bereitet dem Herrn den Weg.

Ansprache

(L. zeigt die Stimmgabel und schlägt sie in Abständen an:) Um wieder den richtigen Ton für die Liebe und das Vertrauen in die Welt zu bringen, berief Gott Propheten wie zum Beispiel Johannes den Täufer, der rief: »Bekehrt euch. Bereitet dem Herrn den Weg. Dann können alle das Heil Gottes sehen.« *(L. schlägt die Stimmgabel an)*
Aber wir wissen, wie es den Propheten erging: Johannes wurde enthauptet, Jeremia in eine Zisterne geworfen, Elija wollte unter dem Ginsterstrauch sterben. Propheten haben es damals wie heute schwer.
Dann schickte Gott seinen Sohn mit dem lebenspendenden Ton für die ganze Schöpfung.
(L. schlägt die Stimmgabel an) Aber wir wissen, wie es ihm erging: Wenn er sagte: »Stellt doch das Herz und die Barmherzigkeit über das Gesetz!«, hielten sich viele die Ohren zu. Manches hat er auch korrigiert: Er wollte nicht wie Johannes der Täufer die Axt an unfruchtbare Bäume legen, sondern war eher für den Spaten, der noch einmal den Boden um die Bäume umgraben sollte: Vielleicht bringen sie doch noch Früchte!
Wir kennen das Schicksal Jesu: Sie schlugen ihn ans Kreuz.
Heute fragt Gott uns, ob *wir* die richtigen Töne in die Welt bringen wollen *(L. schlägt die Stimmgabel an:)*, ob wir mehr Barmherzigkeit und Versöhnung im Alltag leben, ob wir durch Teilen mehr Gerechtigkeit in die Welt bringen. Wie es Paulus im Philipperbrief beschrieb: »Ich bete für euch, dass eure Liebe immer reicher an Einsicht und Verständnis wird!«
Wir können helfen, mehr Harmonie in die Welt zu bringen. *(L. schlägt die Stimmgabel an und legt sie dann auf den Altar)*

2. Ein Teelicht genügt

Vorbereitung

Ein Teelicht, aus dem der kleine Docht entfernt ist; eventuell ein Teelicht für jede/n.

Hinführung

Wir waren einmal wie eine kräftige Kerze, die Wärme und Orientierung schenkte. Jetzt ist unser Docht kürzer *(L. zeigt den Docht des Teelichtes)* und unser Wachsvorrat ist kümmerlicher geworden. *(L. zeigt das Wachs des Teelichtes)*

Evangelium

Mt 5,14–16: Ihr seid das Licht der Welt!

Ansprache

Wem bringt es etwas, immer zurückzuschauen? Dieser kleine Docht *(L. zeigt ihn)* kann sich an ein Schiffstau erinnern oder sieht in der Fantasie einen langen Faden für einen Pullover. Dann aber bleibt nur Selbstmitleid übrig und das Eingeständnis: »Ich bin nicht mehr zu viel nütze!«

Genauso könnte das Wachs hier jammern *(L. zeigt das Wachs:)* »Früher war so viel Wachs da, dass eine große Kerze, vielleicht eine Osterkerze, daraus hätte gegossen werden können. Aber jetzt …«

Doch wenn sich beide zusammentun, sich der Faden in das Wachs einfügt *(L. tut es)*, dann kann daraus immer noch ein kleines Licht entstehen und entzündet werden. Das bringt mehr, als über die Dunkelheiten dieser Welt zu schimpfen. (nach H.J. Coenen)

Fürbitten

Jetzt können sich einige ein Teelicht nehmen, es an der Altarkerze entzünden und eine Bitte aussprechen, wie und wo es heller werden darf. *Oder:* Von der Jesus-(Oster-)kerze aus (Jesus sagt: »Ich bin das Licht der Welt!« Joh 8,12) werden alle Teelichter entzündet.

3. Warten können

Vorbereitung
Eine weiße Perle, eine Yuccapalme.

Hinführung
Sehen Sie die weiße Perle zwischen meinem Daumen und meinem Zeigefinger? Wenn es eine echte sein soll, braucht sie 10 Jahre, um heranzuwachsen.
Warten können ruft uns auch der Advent zu. Die Vorfreude ist bekanntlich die schönste Freude.

Lesungen
Jak 5,7–10: Wartet geduldig;
Mt 11,2–11: Auf wen müssen wir warten?

Ansprache
Können wir warten, wie ein Bauer, der ausgesät hat? (Lesung) Wir würden uns doch halb totlachen, wenn ein Bauer auf die Idee käme, da nachzuhelfen und alle Pflänzchen ein bisschen herauszuziehen, damit es schneller geht.
Verhalten wir uns auch so? Steht unser Weihnachtsbaum schon geschmückt da, und liegt das Kind bereits in der Krippe? Haben wir schon »Stille Nacht« gesungen?
Hier mit der Yuccapalme habe ich eine Pflanze mitgebracht, die uns das Warten lehrt. Wenn der Strunk eingesetzt ist, braucht es Monate, bis er ausschlägt – man will ihn schon entsorgen.
So können heutzutage manche Eltern kaum warten. Das Kind soll möglichst schon mit 16 Jahren das Abitur machen. Und Großeltern müssen oft lange warten, bis sie erkennen, dass von ihrer Erziehung damals doch etwas bei den Kindern gewirkt hat und jetzt im Enkel sichtbar wird. Wehe dem Spätzünder! Aber da gibt es großartige Beispiele, dass sich das Warten lohnt, wie etwa der berühmte Albert Einstein († 1955). Von ihm schrieb sein Lehrer: »Er ist geistig langsam und

immer in Tagträumen versunken. Er behindert den Rest der Klasse. Es wäre für ihn und uns alle am besten, wenn er sofort aus dieser Schule entfernt würde.« Ähnliches wird von anderen berichtet, die zunächst als »hoffnungslose Fälle« angesehen wurden.

Nicht warten können gehört zu unserer Zeit: Da kommt ein junger Mann zum Meister und fragt: »Wie lange wird es dauern, bis ich hier zur Erleuchtung gelange?« Der Meister: »Mindestens zehn Jahre!« »Was, so lange?« Der Meister erkannte seine Ungeduld: »Nein«, sagte er, »ich habe mich geirrt. Du wirst 20 Jahre brauchen!« Der junge Mann, erzürnt: »Warum verlängern Sie noch?« Da entgegnete der Meister: »Also, wenn ich es mir recht überlege: Sie brauchen 30 Jahre!«

Wie soll ein heutiges Kind einmal das Warten aushalten, wenn es später als Jugendlicher auf 100 Bewerbungsschreiben keine Antwort erhält? Wenn er verliebt, den Genuss sofort braucht? Wenn er als frischer Ehemann nach dem ersten gewaltigen Crash das Weite suchen will?

Die Adventszeit ist eine Chance, das Warten zu lernen. Johannes der Täufer konnte auch nicht großartig warten: Wenn ein Baum (= ein Mensch) keine Früchte bringt, so will er mit der Axt diesen Baum abschlagen und ins Feuer werfen. Jesus aber, der Weingärtner, will ihm eine neue Chance geben, den Boden um ihn herum aufgraben und düngen. Vielleicht trägt er doch noch Früchte (Lk 13,6–9).

Wenn wir einmal einen lieben Menschen verloren haben und um ihn trauern, brauchen wir auch Geduld. Vielleicht viele Jahre. Und vielleicht, so sagte es ein Dichter unserer Tage, macht es dann »klick«, und aus Unglück wird wieder etwas Glück.

Meditation nach der Kommunion

Warten können – wenn unter Eis und Schnee
das gesäte Korn sich abhärtet und wächst.
Warten können – bis der Halm die Ähre trägt
und Sonne, Wind und Regen die Körner reifen lassen.
Warten können – bis die Ernte eingebracht, die Körner gemahlen
und die Glut des Backofens uns köstliches Brot schenkt.

Warten können – bis das Gute sichtbar wird,
das wir täglich säen können.
Warten können – bis mitten in Enttäuschungen
und schlechten Erfahrungen
doch eine freundlichere Atmosphäre entsteht.
Warten können – bis wir im Gegenwind der Forderungen und
Herausforderungen gereift und gefördert werden.
Warten können in der Tretmühle des Berufes und des Alltags –
bis wir erkennen, dass wir wichtige Rädchen im großen Getriebe sind.
Warten können in der Feuerglut der Prüfungen,
Krankheiten und Leiden –
bis wir einen Sinn erkennen.
Warten können – bis mein manchmal zu breites Ich immer mehr stirbt
im Teilen und Verschenken.
Warten können – bis ich fest glauben kann, dass Gott uns ganz nahe ist
und eine große Zukunft schenkt – besonders durch Jesus Christus,
unsere wertvollste Perle.

GENAUE QUELLE UNBEKANNT

4. Der Strohhalm als Hoffnungszeichen

Vorbereitung

Für jede/n einen Strohhalm.

Hinführung

(L. zeigt einen Strohhalm:) Wir übersehen meist die Strohhalme, auf denen das Kind in der Krippe liegt. Heute verraten sie uns ihr Geheimnis.

Evangelium

Lk 2,1–14: Jesus liegt in einer Krippe (mit Stroh).

Ansprache

Als die Hirten den Stall von Bethlehem verließen, zog einer sich noch unbemerkt einen Strohhalm aus der Krippe und nahm ihn mit. Als die anderen es draußen bemerkten, lachten sie *(L. zeigt den Strohhalm)*: »Das ist doch Abfall! Wirf ihn weg!« Aber der Hirte schüttelte den Kopf: »Nein«, widersprach er, »den behalte ich; er soll mich daran erinnern, was der Engel zu uns auf dem Feld gesagt hat, dass dieses Kind unser Retter wird.«

Am nächsten Tag sahen sie immer noch den Strohhalm und schimpften: »Wirf doch das wertlose Zeug fort!« »Nein, es ist nicht wertlos, weil das Kind Gottes darauf gelegen hat.« »Na und«, meinten sie, »dann ist das Kind wertvoll, doch nicht das Stroh!« »Nein, auch das Stroh ist wertvoll. Worauf hätte denn sonst das Kind gelegen? Es zeigt mir, dass dieses Kind auch das Kleine und Wertlose braucht, und in Maßstäben dieser Welt gehören wir doch auch dazu!«

Eines Tages war das Maß voll. Einer schrie wütend: »Du mit deinem Stroh machst mich ganz verrückt!« Er nahm ihm den Strohhalm ab, zerknickte ihn wieder und wieder und warf ihn auf den Boden. *(L. zerknickt dabei den Strohhalm und wirft ihn auf den Boden; L. hebt ihn wieder auf)*

Der Hirte aber hob ihn ruhig auf, strich ihn wieder glatt *(L. streicht ihn glatt)* und sagte: »Das hält ein echter Strohhalm aus! Sieh doch, er ist immer noch ein Strohhalm. Er ist nicht kleinzukriegen. Ein Kind ist leicht ›zu knicken‹. Aber ich spüre: Wenn es groß ist, wird es nicht totzukriegen sein.«

(Wenn die Predigt am 2. Weihnachtstag gehalten wird:

Und wir haben es in Stephanus erlebt und in den Christen heutzutage in Indien oder im Irak oder im Sudan. Das ist die Botschaft von Weihnachten: Wer sich auf dieses Kind einlässt, ist nicht kleinzukriegen!)

Die Liebe Gottes ist nicht kleinzukriegen!

VERKÜRZT NACH HELMUT SIEGEL

5. Zwiegespräch mit einem Engel

Hinführung

Engel verkünden in der Heiligen Nacht den Retter der Welt. Aber Engel können uns noch viel mehr verraten.

Evangelium

Lk 2,1–14: Der Engel sagte: Ich verkünde euch eine große Freude.

Ansprache als Zwiegespräch

(Sehr reizvoll ist, den Engel unsichtbar aus der Sakristei über ein Mikrofon sprechen zu lassen. Das Licht sollte abgedunkelt sein: L. hält eine brennende Kerze, in deren Licht er seinen Part lesen kann.)

L.: Sehen Sie den Engel der Verkündigung über der Krippe? Ich möchte mich heute gerne mit ihm unterhalten. Kannst du mich hören, Engel (= E.)?

(drei Sekunden Stille)

E.: Ja, ich höre dich!

L.: Toll. Ich denke, in Wirklichkeit bist du viel mächtiger, als du hier aussiehst. Nicht umsonst sagst du doch immer als Erstes: »Fürchte dich nicht!«

E.: Richtig! Mit mir und meiner Botschaft bricht immer Gott in das Leben eines Menschen ein. Viele rechnen nicht mit ihm. Darum sind sie überrascht oder entsetzt, wenn ein Fingerzeig Gottes sichtbar wird.

L.: Du bist also ein verlängerter Arm Gottes. Näher kommen möchte ich nicht, um nicht von deinem himmlischen Glanz geblendet zu werden.

E.: Ja, die Hirten bedeckten ihre Augen vor dem Licht aus der Höhe. Auch darum wurde Gott ein Mensch, damit sein Glanz uns nicht blendet. Aber Menschen und Engel können selbst dann blind bleiben und den Gottessohn übersehen. Du hast doch sicher schon von »gefallenen« Engeln gehört?

L.: Ja. Aber hat der Glanz des Verkündigungsengels Gabriel nicht auch Maria überwältigt, sodass sie nicht so ganz freiwillig, sondern eher unter Schock »Ja« gesagt hat?

E.: Du übersiehst, dass sie anders lebte als ihr heutzutage! Sie fühlte sich im Leben von Gott getragen. Aus so einem Vertrauen heraus fällt ein Ja viel leichter. Sie wusste einfach um den Rückenwind Gottes.

L.: Sicher. Wir leben heute zu kritisch; dem Himmel gegenüber zu zurückhaltend. Oder Engel sind seltener geworden. Du müsstest auch viel deutlicher auftreten; wie die Cherubim damals mit *loderndem* Schwert vor dem Eingang zum Paradies. Oder wie der mit *gezücktem* Schwert, der den Propheten Bileam auf seinem Esel nicht vorbeiließ, sondern ihn in die Knie zwang. Der Himmel müsste sich in der lauten Zeit heutzutage etwas auffälliger präsentieren, wenn er bei den Menschen mehr Chancen haben will.

E.: Die Zeiten haben sich geändert. Gott nimmt die Freiheit des Menschen ernst, tritt leiser auf. »Erfolg« ist keiner der Namen Gottes. Wer sein Kind zur *inneren* Umkehr bringen möchte, greift heutzutage auch nicht mehr zum Stock.

L.: Dann versuche es doch mit Rippenstößen! Engel sind doch Spezialisten für Rippenstöße: Als Josef seine Verlobte Maria sitzen lassen wollte, hast du ihm ganz schön auf die Füße getreten, und als er in der Nacht vor Herodes fliehen musste, hast du ihm auch recht bestimmt ins Ohr geflüstert, was er zu tun habe. Und schließlich haben die Weisen aus dem Morgenland, die nicht zu Herodes zurückkehrten, deinen deutlichen Rippenstoß auch verstanden.

E.: Für die Klopfzeichen Gottes braucht es nicht immer Engel mit Flügeln. Wer wachen und sich öffnen kann, spürt seine Handschrift auch in Träumen, Ereignissen und Begegnungen.

L.: Es kommt also nicht so sehr darauf an, ob es dich, Engel, gibt oder nicht, sondern wie offen ich für die Botschaft von Gott bin?

E.: Genauso ist es!

L.: Auf vielen dargestellten Gesichtern von Engeln gefällt mit übrigens der Hauch von Heiterkeit, dieses leise Lächeln. Da ist eine

Gelöstheit zu sehen, die sicherlich in ihren Tonfall und die Klangfarbe ihrer Botschaft eingeflossen ist. Vermutlich gab auch das den Hirten Mut, aufzubrechen und ihrem Retter entgegenzugehen.

E.: Wenn der Kirche das Lachen vergeht, wird auch ihre frohe Botschaft nicht mehr verstanden. Verbissene Mienen verschließen. Etwas Gelöstheit täte den Christen und Gemeinden wirklich gut.

L.: Die Schar der Engel ruft über die Felder Bethlehems und all den Krippen in den Häusern alljährlich den Frieden aus. Ja gut, am Heiligen Abend schickt es sich, nicht zu kämpfen. Aber schon kurz nach Weihnachten kümmert sich keiner mehr darum. Dann haben die Scheidungsanwälte Hochkonjunktur und die kleinen und großen Kriege gehen weiter. Macht dich das nicht wütend?

E.: Zu Jesu Zeiten war das auch nicht anders. Die Flucht ins Asyl nach Ägypten spricht eine beredte Sprache. Keinem wird die gute Nachricht aufgezwungen. Jesus und der Friede haben so viele Chancen, wie die Menschen ihnen Landebahnen einräumen.

L.: Lieber Engel, zum Schluss: Hättest du eine Botschaft auch an uns hier – heute, an Weihnachten?

E.: Ja, heute ist das Heil, der Heilige, Mensch geworden. Jesus heißt übersetzt: »Gott rettet«. Ihr dürft ihn anbeten, alles Schwere abwerfen und das Heil in die Arme nehmen – wie ein Kind.

L.: Gut, so lasst uns gleich für einige Augenblicke innerlich in die Knie gehen und so dem Kind begegnen, unserem Heiland, damit er unsere Herzen berührt und uns froher und hoffnungsvoller weggehen lässt.

Wie hast du gesagt? »… alles Schwere abwerfen und das Heil, das Heilende, in die Arme nehmen – wie ein Kind.« *(ca. eine Minute Stille. Am Ende:)*

Wer bittet, der empfängt. Wer anklopft, dem wird aufgetan!

Fürbitten

L.: Engel sind verlängerte Arme Gottes.
Sie brachten als seine Boten zuerst den Hirten die gute Nachricht von der Menschenfreundlichkeit Gottes. So rufen auch wir voller Vertrauen:

- Engel sind Wegbegleiter.
  Sie mögen die Gedanken der Mächtigen in Staat und Kirche zum Frieden lenken und alle aufrichten, die unter Krieg und Verfolgung zu leiden haben. – *Liedruf*
- Engel sind Wächter.
  Sie mögen all die unter ihre Flügel nehmen, die verfolgt und gequält werden, abgeschoben oder auf der Flucht sind. – *Liedruf*
- Engel sind Schutzengel.
  Sie mögen alle die beschützen, die verführt wurden oder verzweifelt sind, süchtig oder unerwünscht. – *Liedruf*
- Engel schauen das Antlitz Gottes.
  Sie mögen unsere Verstorbenen zu dem geleiten, der Heil und Segen für alle Menschen will. – *Liedruf*

L.: Engel beten das Kind in der Krippe an.
In ihren Lobgesang möchten auch wir einstimmen – bis wir *dem* ganz angehören, der lebt und liebt in alle Ewigkeit.

6. Der schmackhafte Kern von Bethlehem

Vorbereitung

Für jede/n eine Baumnuss; eine Kokosnuss.

Lesungen

Tit 3,4–7: Erschienen ist die Menschenliebe Gottes;
Joh 1,1–5.9–14: Und das Licht leuchtet in der Finsternis.

Ansprache

(L. zeigt eine Baumnuss:) Wer den süßen Kern dieser Nuss essen will, muss zuerst die harte Schale entfernen. Symbolisch gemeint heißt das: Es war schon hart und unbequem, was damals passierte: Da ist eine junge Frau unehelich schwanger; darauf stand die Steinigung, und Josef durfte dabei als Verlobter nach damaligem Recht den ersten Stein werfen! Dann bewältigte Maria hochschwanger 170 Kilometer Weg von Nazareth bis Bethlehem – wahrscheinlich zu Fuß. Dann die stinkige Höhle im Fels, vielleicht bei eisigen Temperaturen. Die Flucht und dann als Asylbewerber in Ägypten. Also: Da war kein roter Teppich ausgerollt.

Aber auch heutzutage ist zuerst die Schale der Nuss zu knacken: Glühwein zum Beispiel auf den Weihnachtsmärkten ist angenehm, aber lässt das Eigentliche von Weihnachten verdunsten. Jeder von uns weiß, was sonst alles noch vom Wesentlichen ablenkt.

Aber dann, wenn ich das alles als Schale entfernt habe, liegt vor mir der schmackhafte Kern: Der unsichtbare große Gott gibt sich in einem Kind zu erkennen und streckt uns die Hand entgegen. Aber da ist noch mehr, Entscheidenderes *(L. zeigt die Kokosnuss)*: Das ist die größte Nuss, die wir im Leben zu knacken haben, nämlich das Sterben und den Tod. Doch diese Nuss hat Jesus uns in seiner Auferstehung geknackt. Die Märtyrer haben nicht zufällig einen Zweig aus der Frucht der Kokosnuss, den Palmzweig, als Triumphzeichen über den Tod in den Händen. Nein, sie zeigen uns: Wer in die Fußstapfen dieses Kindes tritt, braucht nichts zu fürchten!

(L. legt beide Nüsse auf den Altar)

7. Vom Apfel zur Weihnachtskugel

Vorbereitung
Ein Apfel und eine rote (goldene) Christbaumkugel (evtl. an einem Tannenzweig).

Hinführung
Warum liegen Äpfel unter dem Weihnachtsbaum?
Äpfel erinnern doch eher an die verführerische Frucht im Paradies, die unsere Welt – symbolisch gesprochen – ins Unglück stürzte! *Das* Ereignis wollen wir doch nicht feiern!

Lesungen
Tit 2,1–14: Die Gnade Gottes ist erschienen, um alle Menschen zu retten;
Lk 2,1–14: Der Retter ist geboren.

Ansprache
Kaum war der letzte Besucher aus dem Stall gegangen – so erzählt eine Legende –, erschien auf der Schwelle eine uralte Frau in einem Lumpengewand. Maria zuckte zusammen, konnte sie doch annehmen, die Frau gleiche einer bösen Fee, die ihrem Kind nur Unglück bringen würde. Die uralte Frau ging bis vor die Krippe und verneigte sich ganz tief. Da schlug das Jesuskind die Augen auf. Maria war erstaunt, denn die Augen der Frau und die des Kindes ähnelten einander – leuchteten aus derselben Hoffnung.
Die Frau zog aus den Lumpen einen Gegenstand, den sie dem Kind auf die Hand legte. Was war das für ein Geschenk – nach all den Geschenken der Hirten und der Magier?
Dann richtete sich die uralte Frau auf, wie von einer schweren Last befreit: Die Schultern waren nicht mehr gekrümmt; jetzt berührte ihr Kopf fast das Gebälk des Stalls, und ihr Gesicht leuchtete geradezu jugendlich. So schritt sie hinaus in die Nacht.

Jetzt erst konnte Maria das geheimnisvolle Geschenk erkennen *(L. zeigt den Apfel):*
Es war ein kleiner Apfel; der Apfel der ersten Sünde, die Frucht des Baumes der Erkenntnis von Gut und Böse im Paradies. In der Bibel steht zwar nichts von einem Apfel, doch die Künstler haben immer diese Frucht gemalt, weil sie so verführerisch leuchtet. Sie gilt als Symbol für Schuld und Sünde, weil sich in ihr der Mensch über den Willen und das Gebot Gottes hinwegsetzte – das bringt immer Leid, Verirrung und Tod: Verlust des Paradieses.
Nun aber leuchtet der Apfel in der Hand des Jesuskindes wie eine kleine Weltkugel in neuem Glanz. (Nach Jerome und Jean Tharand, Frankreich)
Diese Legende will zeigen, warum die Menschen Äpfel unter den Weihnachtsbaum gelegt haben: Zeichen der neuen Hoffnung, dass die Tore des Paradieses wieder geöffnet sind.
Schließlich hängte man die Äpfel als Symbol auch in den Weihnachtsbaum. Doch weil sie zu schwer sind, ersetzte man sie durch kleine Holzäpfel. Die wurden schließlich mit Silber- und Goldfolien umwickelt, um den Glanz des neuen Anfangs zu bekunden. Und daraus entstanden schließlich *(L. zeigt den Zweig mit der goldenen Weihnachtskugel)* diese Christbaumkugeln.
Erst wenn wir uns wieder – wie die Urmutter des Lebens in der gehörten Geschichte, wie Eva – vor dem Kind in der Krippe verneigen, werden wir uns in unserem Leben wieder richtig freuen können. Und erst wenn wir Christen vor diesem Kind wieder anbetend und dankbar in die Knie gehen, weil uns ein neuer Anfang geschenkt ist, erst dann wird die Weihnachtsfreude unser Herz erfüllen.

8. Der Retter auf Stroh

Vorbereitung

Eine Handvoll Stroh und das Jesuskind aus der Krippe.

Lesungen

Tit 3,4–7: Erschienen ist die Menschenliebe Gottes;
Lk 2,1–14: Der Retter ist geboren.

Ansprache

Ein Pfarrer erinnert sich: Vor rund dreißig Jahren hat mein Heimatpfarrer eine Weihnachtspredigt gehalten, die habe ich bis heute nicht vergessen. Dann führt er aus: »Mein Pfarrer hatte eine Handvoll Stroh mitgebracht – so wie dieses Stroh hier.« Und er sagte: »Ich komme mir oft wie dieses Stroh vor, wenn ich wieder etwas vergessen habe; wenn ich das enorme Wissen unserer Zeit bedenke und wie wenig ich davon verinnerlichen kann; wenn ich mich leer und ausgedroschen fühle. Vielleicht ergeht es Ihnen auch so.«

Und dann legte er das Jesuskind auf die Halme mit den Worten *(L. tut es)*: »Jesus hat sich auch auf *mein* Stroh gelegt und will mich umarmen. Und Sie auch!« Mehr sagte er nicht. Aber umfasst das nicht eine ungeheure Botschaft? Das Kind in der Krippe nimmt dich und mich an, wie ich bin, manchmal leer und schuldig und hinter meinen Möglichkeiten. Soll ich es dabei belassen? Ich möchte noch etwas hinzufügen:

Vor 750 Jahren lebte Thomas von Aquin, der bedeutendste Theologe des Mittelalters. Was der alles bedacht und geschrieben hat, füllt heute noch Bibliotheken! Aber nach einer heiligen Messe in Neapel sagte er verstört: »Ich kann nicht mehr. Alles, was ich geschrieben habe, kommt mir vor wie Stroh.« Und er schrieb nichts mehr. Auch sein letztes Buch beendete er nicht, obwohl er dazu gedrängt wurde. In der Folgezeit wurde er häufig in der Nähe des Tabernakels gesehen. Danach gefragt, sagte der berühmte Mann: »*Hier* schlägt das Herz der Welt!«

Was für eine Sprache Gottes!: Ein wehrloses Kind als Retter – auf dem Stroh dieser Welt – in einem Stückchen Brot erfahrbar. Das passt gar nicht zu den Höhenflügen der Welt draußen, in der jeder und jede größer sein will als der andere.

Dieses Kind also als rettender Strohhalm! Es kann uns über Wasser halten, wenn wir zu ertrinken drohen. Ein Strohhalm ist sehr stabil. Er ist zwar zu knicken, aber nur sehr schwer durchzubrechen. Viele können uns das bekennen: »Wenn ich in meiner damaligen schweren Situation nicht den Glauben gehabt hätte, wäre ich untergegangen.«

Also das Angebot Gottes *(L. zeigt das Kind auf dem Stroh)*. Wenn wir uns wieder einmal ausgedroschen und leer fühlen, auch dann dürfen wir uns von diesem Kind umarmt fühlen.

Zum Dank singen wir noch einmal ganz leise ohne Orgel:

»Da liegt es, das Kindlein, auf Heu und auf Stroh,
Maria und Josef betrachten es froh.
Die redlichen Hirten knien betend davor,
hoch oben schwebt jubelnd der Engelein Chor.«

(2. Strophe des Liedes »Ihr Kinderlein, kommet«, GL 248)

(L. legt das Kind auf das Stroh gut sichtbar auf den Altar)

Jahresbeginn / Erscheinung des Herrn – Januar

9. Meine Zeit steht in deinen Händen (Jahresbeginn)

Vorbereitung

Ein Stundenglas / eine Sanduhr.

Hinführung

(L. zeigt das Stundenglas) Unsere Uhren täuschen, sie gaukeln uns vor, es geht immer weiter rund. Dieses Stundenglas ist ehrlicher: Einmal rinnt das letzte Körnchen durch, einmal ist Schluss. Was kann es uns sonst noch verraten?

Lesungen

Num 6,22–27: Der aaronitische Segen;
Mt 22,35–40: Das Hauptgebot.

Ansprache

(L. zeigt wieder das Stundenglas:) Jeder Augenblick ist kostbar. Das sind die kleinen Sandkörnchen oben, die wie kleine Goldkörner zu behandeln sind. Das fängt morgens auf der Bettkante schon an: Danke, dass ich noch Arme und Beine bewegen und hören und sehen kann. Diese Dankbarkeit bewahrt uns davor, unzufrieden und gleichgültig zu werden: Nichts ist selbstverständlich! Zuerst darf ich mir also im Spiegel zulächeln, »mich selbst lieben« – wie es im Hauptgebot eben hieß, und dann darf ich im Vertrauen auf Gott das an Freundlichkeit weitergeben, was mir noch geblieben ist. Denn wer sich selbst nicht riechen kann, der stinkt auch anderen.
Die Sandkörnchen, die durch das enge Röhrchen der Zeit sausen, werden zu feinen Goldkörnchen, wenn wir sie im Vertrauen auf Gottes Liebe verschenken. Dann wird aus Zeit Ewigkeit. Denn was bleibt zuletzt: das Konto, das Haus? Nein, am Ende beruhigt sich unser Herz nur, wenn wir sagen können: Meine Zeit steht in Gottes Händen. Und wenn da manches Sandkorn sich in meinem Leben in ein Goldkörnchen verwandelt hat, dann dürfen wir es in die barmherzigen Hände Gottes fallen lassen.
So wünsche ich allen für das nächste Jahr viele Goldkörner; nicht die, die das Herz kalt machen, sondern die, aus denen das himmlische Jerusalem gebaut wird.

Zum Thema Neujahr siehe auch Nr. 54.

10. »Sie haben Ihren Bestimmungsort erreicht!« (Jahresbeginn)

Vorbereitung

Ein Navi (Naviationsgerät).

Hinführung

Für viele Menschen ist so ein »Navi« ein wahrer Engel. Was war das manchmal mühsam, ohne Beifahrer mit einer Landkarte oder einer ausgedruckten Wegbeschreibung klarzukommen und gleichzeitig auf den fließenden Verkehr zu achten. Heute regelt das in den meisten Autos eine freundliche Stimme.

Lesungen

Jes 2,1–5: Gott weise uns seine Wege, dass wir seine Pfade gehen;
Mt 1,18–24: Josef folgt der Weisung des Engels.

Ansprache

(L. zeigt das Navi:) Da ist also ein Satellit über mir, der mich leitet und nicht in die Irre fahren lässt. Und wenn ich einmal falsch abbiege, dauert es nur ein paar Sekunden und eine freundliche Stimme weist mir den richtigen Weg zum Ziel.
Soll ich mal »Bethlehem« ins Navi eingeben, oder »Krippe« oder »Gott«? Spaß beiseite. – Aber unser Glaube sollte eigentlich auch so eine Art Navigationsgerät zu einem Ziel sein. Mitten im reizvollen Weihnachtsmarkt hat er mir vielleicht leise zugeflüstert: »Nach Möglichkeit kehren Sie um, wenn Sie Weihnachten finden wollen.«
So eine Art Navi war auch der Engel, der Josef im Traum den Rippenstoß gab, doch Maria als Frau zu sich zu holen – oder der den Hirten etwas zurief, das sie mitten in der Nacht aufbrechen ließ. Wie ist das, wenn im neuen Jahr plötzlich Umleitungen und Wegsperrungen uns matt setzen oder wir aus dem Kreisverkehr nicht mehr herausfinden und uns immer nur um uns selbst drehen?

Wenn uns eine so hohe Mauer stoppt wie die hinter dem heutigen Bethlehem, ist ein Navi überfordert. Unser Glaube kennt auch Grenzen! Manchmal kommen wir dann nur »per pedes« vorwärts.
Wenn mein Navi mir am Ende der Wegstrecke sagt: »Sie haben Ihren Bestimmungsort erreicht«, muss ich schmunzeln. Wie schön wäre dieser Satz am Ende unseres Lebens, wenn wir dem wiederkommenden Christus in die Arme laufen: »Sie haben Ihren Bestimmungsort erreicht!«
Ich wünsche uns, dass wir im neuen Jahr mit unserem Navi des Glaubens, das »von oben« gesteuert wird, gut durch die Straßen und Schluchten zum Ziel gelangen.

Zum Thema »Neujahr/Jahreswende« siehe auch Nummer 54.

11. Binde deinen Karren an einen Stern! (Erscheinung des Herrn)

Vorbereitung

Ein schöner Stern (vielleicht sogar von innen beleuchtet).

Hinführung

(L. hebt den Stern:) Ein Mercedesstern mag Erinnerungen in uns wecken, ein Zuckerstern oder die Illustrierte »Stern« uns reizen, aber wir bräuchten eigentlich so einen Stern wie den der Weisen aus dem Morgenland, der sie aufbrechen und finden ließ.

Lesungen

Jes 9,1–6b: Ein Licht strahlt auf;
Mt 2,1–12: Die Sterndeuter folgten dem Stern bis zum Kind in der Krippe.

Ansprache

Leonardo da Vinci, der bedeutende Mann im 16. Jahrhundert, sagte einmal *(L. hebt den Stern):* »Binde deinen Karren an einen Stern.« Heutzutage kann das ein Dreifaches bedeuten:

1. Binde deinen Rollator an den Stern, der zum Jesuskind führt, und deine Wege sind nicht mehr so mühsam; denn du kannst auch noch da, wo du lebst, so viel Sinn finden, dass dein Leben bereichert ist.
2. So wie die Sternsingergruppen mit einem Stern von Haus zu Haus gehen, den Frieden bringen und durch die Spenden etwas Hilfe für kranke und notleidende Kinder, so können wir uns auch noch im Alter in eine Initiative einbringen, die etwas mehr Gerechtigkeit in unsere zerrissene Welt bringt *(Beispiele aus dem Umfeld nennen).*
3. Binde deine Krankheit und alles, was dich nach unten ziehen kann, an den Stern. Das Kind in der Krippe, das vor Leid und Kreuz nicht zurückschreckte, möchte, dass auch wir wie im Vaterunser sagen: »*Dein* Wille geschehe!« Viele beten an der Stelle: »*Mein* Wille geschehe!« Wenn dann aber der Wunsch nicht erfüllt wird, geht das Gejammer los. Aber das macht innerlich nur unzufrieden und irgendwann traurig. Das Ja zum Kind in der Krippe lässt über Hürden gehen. Wir dürfen es wieder einmal versuchen.

NACH VOLKER WEYRES

Meditation nach der Kommunion

Spr. 1: Wie die Sterndeuter aus dem Morgenland:
aufbrechen, unterwegs bleiben, einem Ziel entgegengehen.
Dem Stern folgen,
der Hoffnung, Licht und Orientierung schenkt.

Spr. 2: Unterwegs bleiben, auch in Angst und Zweifel!
Unbeirrt weitergehen, der Sehnsucht folgen.
Denn es gibt mehr als das,
was wir kaufen und verbrauchen können.
Der folgt dem Stern,
der stehen bleibt über dem Einfachen und Kleinen.

Spr. 1: Wer Bestehendes in Frage stellt,
wer sichere Strukturen verlässt,
wer sich nicht in Lärm und Betriebsamkeit,
in Reichtum und Macht verliert:

Spr. 2: Dem werden Sternstunden möglich,
wie sie die Weisen aus dem Morgenland erlebten.
Dann kehren wir anders in unsere Pflichten
und Sorgen zurück.

Karneval/Fastnacht/Fasching – Februar

12. Vom Geheimnis des Clowns

Vorbereitung

Eine Clownmaske.

Hinführung

Gegen ein frohes Herz kann der Teufel nichts ausrichten. Aber wie kommen wir zu einer frohen Hoffnung, die stärker ist als jeder Schmerz? Wir schauen heute auf einen Clown.

Lesung aus dem Buch Jesus Sirach

Einleitung: Was unser Leben verlängert oder verkürzt.
Geh nicht unter in deinen Sorgen.
Gib dich nicht der Sorge hin.
Geh an deinem Grübeln nicht zugrunde.
Denn Freude des Herzens ist für den Menschen Leben.
Frohsinn verlängert deine Tage.
Sieh nicht nur deine Sorge.
Und beruhige dein Herz.
Und ärgere dich nicht über alles.
Denn viele tötet die Sorge.
Ohne Nutzen ist dein Kummer.

Neid und Ärger verkürzen das Leben.
Aber Freude des Herzens ist für den Menschen Leben.

JESUS SIRACH 30,21FF IN DER ÜBERSETZUNG NACH JÖRG ZINK

Evangelium

Mt 5,1–12: Wir hören, welche Menschen sich alle freuen können: die Seligpreisungen.

Ansprache

(L. zeigt die Maske:) Diese Clownsmaske hier soll als Anschauung dienen, über die Geheimnisse eines Clowns nachzudenken.

Im Lachen liegt Hoffnung, die stärker ist als jeder Schmerz. Worin besteht das Geheimnis eines Clowns, der uns zum Lachen bringt?

1. Die Kleidung des Clowns passt hinten und vorne nicht, sie ist zu weit und farblich nicht passend. Wir würden uns in einer solchen Aufmachung eventuell schämen – der Clown lächelt darüber. Mit so einem Lächeln kommen wir leichter über das hinweg, was uns im Alltag nicht passt.
2. Der Clown erscheint oft als Tollpatsch – wie uns im Alter manches danebengeht. Oder der Clown wird übers Ohr gehauen – wie das bei uns des Öfteren versucht wird. Doch zuletzt hat er die Lacher immer auf seiner Seite. Wer zuletzt lacht, lacht am besten – wie auch Jesus einen Scheinprozess erdulden musste, die Freunde sich alle davonmachten, er aber in seiner Auferstehung triumphierte.
3. Der Clown fällt oft hin – wie uns das im Alter auch schnell passiert. Doch er steht immer wieder auf! Fallen ist menschlich, nur darf ich nicht liegen bleiben – wie auch Jesus unter dem Kreuz fiel und immer wieder aufstand.
4. Der Clown kennt die Traurigkeit, verzweifelt aber nicht in ihr. Wenn er auf die Bühne tritt, muss er seine persönlichen Probleme verbergen, weil es seine Aufgabe ist, andere glücklich zu machen. Das zu können, ist Gnade.

Weil Jesus vieles davon lebte, stellten einige Künstler ihn als Clown dar. Deshalb lege ich diese Clownsmaske auf den Altar.

Fürbitten

L.: Gott möchte, dass wir uns auch vergnügen, zerstreuen und erheitern. Darum rufen wir: *Christus, höre uns!*

– Wir bitten dich für alle, die Tage der Freude möglich machen: für die Vorstände der Gesellschaften und Vereine, für die Textdichter und Spaßmacher: Dass sie ihre Aufgaben ernst nehmen, ihre Mitmenschen froh zu machen. – *Christus, höre uns!*

– Wir bitten für alle, die kaum mehr von Herzen lachen können: dass sie mitgerissen werden und neuen Mut zum Leben bekommen. Wir bitten auch, dass sich keiner nach den Tagen der Freude hinter einer Maske verstecken muss. – *Christus, höre uns!*

– Wir bitten für die Menschen in den Kriegs- und Krisengebieten der Erde: dass sie durch unsere Solidarität neue Hoffnung und neues Vertrauen für das Leben finden. – *Christus, höre uns!*

– Befreie uns von den traurigen Gestalten mit dem Hang zum Schwarzsehen, die uns vormachen, Christen müssten vor Gram über die Zustände in unserer Welt selber griesgrämig werden. – *Christus, höre uns!*

L.: Damit wir erlöster aussehend für dich werben. Darum bitten wir durch Christus, unseren Herrn.

13. Humor ist, wenn man trotzdem lacht (Interview)

Vorbereitung

Ein Interviewpartner.

Evangelium

Lk 6,20–26: Wer sich wirklich freuen darf.

Interview mit dem Humor

I = Interviewer; H = Humor

I.: Danke, Herr Humor, dass Sie heute bis zu uns gekommen sind; denn Sie haben uns schon oft das Leben erträglicher gemacht. Ja,

Sie waren das Ventil, durch das die dicke Luft abfließen konnte. Lachen Sie den ganzen Tag?

L.: Berühmte Clowns waren privat oft sehr ernst. – Nein, ich bin nicht bei jedem Gelächter mit dabei. Ich bin zum Beispiel nicht dabei, wenn bei einer Sitzung ordinäre Witze gemacht werden; auch nicht, wenn bei einer Hochstimmung unter Fluten von Alkohol – Entschuldigung – »die Sau rausgelassen« wird. Aber ich sitze gerne bei Karikaturisten und sehe zu, wenn sie mit feiner, spitzer Feder etwas aufspießen.

I.: Wissen Sie übrigens, dass Kinder in der Regel dreimal so viel lächeln wie Erwachsene?

H.: Ja, Kinder sind meine besten Kunden! Weil sie so spontan und unbekümmert sind!

I.: Wer waren denn Ihre Eltern?

H.: Meine Mutter ist die hintergründige Hoffnung. Sie wissen doch als Christ, dass auch hinter dunklen Wolken ein unendliches Lächeln über dieser Welt schwebt.

I.: Und Ihr Vater?

H.: Der ist Realist. Der sieht mit scharfem Blick die Schwächen des Menschen. Aber Mutter hat schon immer aufgepasst, dass seine Kritik nicht zu böse und verletzend wird.

I.: Gibt es sonst noch jemanden, der Sie geprägt hat?

H.: Ja, meine Großmutter. Sie ist die seelische Gesundheit; wobei festzustellen ist, dass wir ja alle irgendeine Schlagseite haben.

I.: Gibt es auch Menschen, bei denen Sie nicht landen können?

H.: Ja, bei Menschen, die meinen, alles sei sinnlos. Die sind zynisch, sogar sarkastisch. Oft sind sie sehr geistreich, aber Fröhlichkeit verbreiten sie nicht.

I.: Gibt es sonst noch Sperrbereiche für Sie?

H.: Ja, Fanatiker stehen auf Zweitrangiges und verfinstern durch ihre Intoleranz das Miteinander. Sie sehen ja, was Fundamentalisten in aller Welt anrichten.

I.: Haben Sie auch im kirchlichen Raum Schwierigkeiten anzukommen?

H.: Eigentlich nicht. Sie sehen ja, welch prächtige Karnevalssitzungen die kfd oder andere kirchliche Gruppen *(Genaueres sagen!)* jedes Jahr hinzaubern. Eine gesunde Gläubigkeit bietet gute Voraussetzungen. Und ich bin eigentlich wie ein Schuss Cognac in der Soße der Frömmigkeit und der frohen Botschaft.

I.: Wird es Sie auch im Himmel geben, Herr Humor?

H.: Ich glaube nicht: Ich bin ein Erdenbewohner. Wenn keine Hoffnung mehr nötig ist, habe ich ausgedient. Daran ändern auch die vielen Witze über den Himmel nichts.

I.: Dankeschön! Sie verhindern oft, dass uns der Kragen platzt.

L.: Darf ich noch hinzufügen, dass Jesus eigentlich der glücklichste Mensch sein musste – trotz Ölbergnacht und Kreuz? Weil er wusste: Der Barmherzige im Himmel hat das letzte Wort.

»INTERVIEW« NACH REINHOLD STECHER

Fürbitten

L.: Großer Gott! Du willst, dass uns ein gewisser Humor selbst dann nicht verlässt, wenn die Umstände bedrückend sind. Wir bitten dich:

– Gib allen, die verzweifelt sind, wieder Mut zum Optimismus.
  Und lass uns dabei helfen. – *Liedruf*

– Richte alle auf, die ausgelacht und beiseitegeschoben werden.
  Und lass uns dabei helfen. – *Liedruf*

– Schenke allen Menschen eine bessere Welt, in der es mehr zu lachen gibt.
  Und lass uns dabei helfen. – *Liedruf*

– Erlöse uns von mancher Traurigkeit und Humorlosigkeit des Herzens. – *Liedruf*

L.: Denn dein Reich des Friedens und der Gerechtigkeit darf schon jetzt aufleuchten – durch Christus, unseren Herrn.

Fastenzeit / Passion – März

14. Mit Scherben fertig werden

Vorbereitung

Auf einem Tisch liegen auf Tüchern Scherben, von denen sich jede/r beim Hereinkommen eine nehmen kann.

Hinführung

Wir waren sicherlich fast immer guten Willens und doch gab es Scherben. Nein, nicht die, die man zusammenkehren kann. Es gibt welche, die können einem immer noch auf der Seele liegen. Wie damit umgehen?

Meditation

1. Spr.: Lass die Scherben vom gestrigen Tag liegen!
Jetzt kannst du nichts mehr daran ändern.
Du schaust dann nur rückwärts
und wirst dem heutigen Tag nicht gerecht.
Sie verfolgen dich sonst jeden Tag aufs Neue
Und du wirst dem heutigen Tag nicht gerecht.

2. Spr.: Doch! Es gibt Scherben,
die kannst du Gott in die Hände legen.
Dann bist du sie los.
Manche Scherben kannst du
auch wieder zusammenfügen:
Wenn du um Entschuldigung bittest.
Das befreit dich und den anderen! –
Aber es gibt auch Scherben, die musst du liegen lassen.
Die kannst du mit noch so viel gutem Willen
nicht mehr zusammenfügen. (frei nach Phil Bosmans)

1. Spr.: *Text des 2. Sprechers noch einmal wiederholen.*

Evangelium

Einleitung: Wir hören, wie eine Frau mit den Scherben ihres Lebens umgehen darf:

Lk 7,36–50: Die Begegnung mit der Sünderin.

Deutung

Das ist die Antwort: Die Scherben des Lebens, die ich nicht mehr kitten kann, dem barmherzigen Gott in die Hand legen, der uns in Jesus dazu ermuntert hat.

Aktion

Wir erzählen einander, wie wir bisher mit den Scherben des Lebens umgegangen sind.

(Danach die Scherben wieder zurücklegen)

Weiterführung

Scherben können Glück bringen: Wie nach dem Krieg aus den Trümmern und Scherben der zerbombten Städte Trümmerberge entstanden, die später zum Paradies für Erholungssuchende wurden. Auch manche Scherben in unserem Leben haben uns schon weitergebracht.

15. Tief verwurzelt

Vorbereitung

In der Mitte liegen genügend Ginsterzweige.

Hinführung

(L. mit einem größeren Ginsterzweig:) In der Wüste überleben fast nur Ginstersträucher, weil ihre Wurzeln bis fünf Meter in die Tiefe reichen und sie so lange auf Feuchtigkeit stoßen. Außerdem können sie zu 90 % ihre Nadeln verlieren, ohne zu verdorren.

Das wäre doch etwas für uns: Tief verwurzelt sein in der Freundschaft mit Jesus und seinen Worten: Die stehen für das Wasser. Die Freund-

schaft mit ihm begann ja mit der Taufe. Und Fastenzeit will sagen: Lass mal einiges Überflüssige los. Du glaubst gar nicht, mit wie wenig man leben kann!
Es gibt eine Begebenheit in der Bibel, im Alten Testament, die spricht von einem Propheten, der einmal Großartiges geleistet hat, aber jetzt nicht mehr leben will. Was bringt ihn wieder auf die Beine?

Lesung

1 Kön 19,3–8: Elija unter dem Ginsterstrauch.

Ansprache

(L. mit dem Ginsterzweig:) Wir haben es gehört: Der Prophet Elija ist so depressiv, so mitten im Burn-out, dass er zweimal vom Engel angerührt wird und essen muss, bevor er dann mit neuer Kraft aufbricht, um Gott am Gottesberg zu begegnen.
In jeder Messe wird uns diese Speise des Himmels angeboten. Die Bibel, der Liebesbrief Gottes, hält auch tröstende Worte bereit. Wenn wir ganz am Ende sind, können wir das noch: zuhören und essen.

Meditation

1. Spr.: Herr, mein Gott. Mitten im Leben befallen mich plötzlich Ängste und Traurigkeit. Ich kann selber kaum Gründe dafür nennen, aber ich fühle mich dann so niedergeschlagen.

2. Spr.: Ich bin mutlos, voller Zweifel, sehe keinen Sinn mehr, halte nur Träume in Händen. Meine Maske ekelt mich an. Ich fühle mich so leer. Ich könnte jeden anschreien und drauflosheulen. Alles ist mir egal.

1. Spr.: Wer sieht denn meine Seele voller Narben? Wer hält meine Hand in dieser Dunkelheit?

2. Spr.: Wenn jetzt einer käme und würde sagen: Ich mag dich trotzdem. Ich nehme dich so an, wie du bist. Ich brauche dich.

1. Spr.: Wenn jetzt einer käme, der mich versteht, der aufrichtet, tröstet, Vergebung schenkt. Einer, der mir neue Zuversicht gibt.

Meditationsmusik oder Stille

Weiterführung

Wie erging es Jesus selbst?: Er hatte doch eine Pfahlwurzel, die sich bis in das absolute Vertrauen auf seinen Vater erstreckte. Aber dann muss er doch darum ringen – wie jeder Mensch.

Evangelium

Lk 22,39–46: Das Gebet am Ölberg.

Weiterführung

Es war schon eine bittere Erfahrung, dass seine Freunde ihm nicht beistanden. Aber dann der Engel – er stärkte ihn. Wer zuletzt sagen kann: »*Dein* Wille geschehe!«, ist auf dem rechten Weg.

Aktion

Wir erzählen einander, was uns in Krisensituationen geholfen hat. Zuletzt: Wer möchte, nimmt sich einen Ginsterzweig mit nach Hause und heftet ihn bis Palmsonntag hinter das Kreuz.

16. Das große Ich in uns siegen lassen

Hinführung

Ruth Pfau († 2017), die großartige Ordensfrau, die ganz Pakistan von der Lepra befreite, sagte, als sie wieder einmal vor einem Berg voller Probleme stand: »Weitermachen ist Unsinn. Aufhören noch unsinniger, also machen wir weiter!« Da sprach das große Ich aus ihr, das in jedem vorhanden ist. Schon morgens auf der Bettkante sollten wir uns am großen Ich festhalten.

Lesungen

Röm 12,1–2: Tut das, was Gott gefällt;
Mt 16, 21–27: Petrus will das kleine Ich.

Ansprache

1. Paul Wittgenstein war ein begnadeter Pianist. Bei seinen Konzerten flogen ihm die Herzen der Menschen zu. Aber während des Krieges traf ihn eine persönliche Katastrophe: Nach einer schweren Verwundung wurde ihm der rechte Arm amputiert. Da saß er verzweifelt und diese Verzweiflung machte sein Ich klein. Doch er bekam eine zweite Chance. Seine Freunde schrieben für ihn Klavierkonzerte nur für die linke Hand. Da erwachte sein großes Ich wieder. Er schrieb selbst Werke von Beethoven, Mozart und Bach um – nur für die linke Hand. Und die Menschen jubelten ihm wieder zu.
2. Der Kölner Künstler Egino Weinert war ein Fachmann für Emaillearbeiten und hat u. a. hunderttausende Bronzekreuze für Generationen von Kommunionkindern geschaffen. Selbst für den Papst durfte er arbeiten. Er hat sich nicht kleinkriegen lassen, obwohl, als er mit einer gefundenen Granate spielte, diese explodierte und seine rechte Hand abgesprengt wurde. Er folgte dem großen Ich in sich!
3. Der großartige Operntenor Enrico Caruso konnte nicht richtig schreiben, hat wohl nie im Leben ein Buch gelesen, aber er konnte 64 Opernpartituren auswendig. Er feierte Triumphe auf allen bekannten Bühnen der Welt. Er schilderte einmal den Sprung vom kleinen zum großen Ich: Sein Problem war das Lampenfieber vor jedem Auftritt, das ihm die Kehle zuschnürte. So wimmerte das kleine Ich: »Nein, heute kann ich nicht singen. Sieh mal, wie schweißgebadet ich hier stehe.« Aber dann riss sich Caruso zusammen, die Leute warteten doch auf ihn, und er sagte sich: »Mein ›kleines Ich‹ will das ›große Ich‹ in mir ersticken! Weg mit dir! Das ›große Ich‹ wird jetzt singen!«

Im heutigen Evangelium spricht Petrus das kleine Ich in Jesus an: »Das kannst du uns doch nicht antun, Leid und Tod!« Aber Jesus, der den Versuchungen des Satans schon vierzig Tage lang in der Wüste widerstanden hatte, nimmt alle Kraft zusammen: »Hinweg, du Satan in Petrus. Ich habe das Schwierigere vor. Du willst mich nur zu Fall bringen!«

Das kleine Ich in uns kann auch uns täglich fertig machen. Das kleine Ich kann ganz einschmeichelnd sagen: »Ich liebe dich doch – ich hab dich lieb.« Und dann unvermittelt: »Ich *habe* dich!« Und es erdrückt uns, macht uns wieder klein und zaghaft. Die meisten Jesusfiguren hängen hoch und für uns gut sichtbar in den Kirchen – so können wir uns Mut für unser großes Ich holen.

17. Wie beim Bernstein

Vorbereitung

Eine Bernsteinkette.

Hinführung

Manchmal sind sie wieder modern *(L. zeigt die Bernsteinkette)*. Doch zeitlos kann der Bernstein uns Wichtiges verraten.

Lesungen

1 Petr 1,5–7: Unser Glaube soll sich bewähren wie Gold;

Mt 26,37–39: *Dein* Wille geschehe – in der Läuterungstrommel unseres Lebens.

Ansprache

Dieses erstarrte Harz ist ca. 35 Millionen Jahre alt. Also etwas zum Staunen!

Wenn der Bernstein gefunden wird, muss er zuerst in Öl von seinen Verkrustungen, die ihm die Jahrmillionen zugefügt haben, klargekocht werden – wie wir im »Glutofen Zeit« ja manchmal auch Siedendheißes in Prüfungen und Schicksalsschlägen ertragen mussten; was uns aber häufig reifen ließ.

Dann reiben sich die Bernsteine in einer Trommel wochenlang, um schöner zu werden – wie uns die Läuterungstrommel des Lebens durch Herausforderungen immer runder, vielleicht sogar »glänzender« gemacht hat.

Schließlich wird der Bernstein oft zum Juwel geschliffen – wie auch uns Schicksalsschläge den letzten Schliff geben können.
Wir erzählen einander, durch welche Begegnungen und Ereignisse wir gekocht, gerieben und geschliffen wurden ...

Weiterführung
Bernstein gewinnt an Leuchtkraft, wenn er getragen wird: Der Hautkontakt aktiviert ihn. Auf uns übertragen: Wer in den Prüfungen des Lebens reifer wurde, soll diese Erfahrungen in unsere Gemeinschaft einbringen.

Zum Thema »Fastenzeit/Passion« siehe auch die Nummern 36, 53, 54, 61.

Ostern – April

18. Vom Erkennungszeichen des Christen

Vorbereitung
Eine Schürze – als Geschenk eingepackt.

Lesungen
Gal 5,13–15: Dient einander in Liebe;
Joh 13,1–20: Fußwaschung Jesu.

Ansprache
Zu Zeiten des Jugendapostels Filippo Neri im 16. Jahrhundert lebte bei Rom eine Ordensschwester als Oberin, die, wie man schon mal sagt, im »Geruch der Heiligkeit« stand. Der Papst schickte Filippo los, die Echtheit ihrer Tugenden zu prüfen. Es war ein fürchterliches Wetter, Filippo kam völlig durchnässt und schmutzig auf seinem Maultier an der Klosterpforte an, nannte seinen Namen und bat um eine Audienz. Als die Oberin kam, streckte er ihr einfach seine schmutzigen Stiefel vom Sattel herab hin und rief barsch: »Ausziehen!« Die Fromme stutzte einen

Augenblick, schien beleidigt. Da aber wendete der Menschenkenner Filipp Neri schon sein Maultier und trabte wieder den Berg hinab. Er wusste, was er dem Papst zu berichten hatte.

(L. nimmt das Geschenk:) Hier habe ich einen Orden für den oder die, die wie Jesus bereit ist, in Demut anderen die Füße zu waschen, oder, im übertragenen Sinn, anderen die schmutzigen Schuhe zu putzen. *(L. packt das Geschenk aus)* Ja, eine Schürze. Stellen Sie sich vor, ich würde sie einem Staatsmann, einem Bischof oder Priester bei der Beauftragung überreichen! Die natürliche Reaktion sehen wir schon bei Petrus. Es gibt Darstellungen, da tippt Petrus sich bei der Fußwaschung des Herrn an die Stirn, als wolle er Jesus den Vogel zeigen. Jemand die Füße waschen, das war damals doch ein Sklavendienst, zu dem niemand gezwungen werden durfte.

Die Schürze als Erkennungszeichen, ob wir zu Jesus gehören, ob wir bereit sind zu dienen – wie unser Herr.

Beinahe wäre im Urchristentum die Fußwaschung zum Sakrament erhoben worden. Ich diene Jesus, wenn ich anderen die Füße wasche und nicht die Köpfe.

Ich lege diesen »hohen Orden« über den Ambo. Damit uns noch eine Zeitlang bewusst ist, was »Nachfolgen« heißt.

NACH ERICH LÄUFER

19. Vom Kelch des Lebens

Vorbereitung

Ein Kelch steht auf dem Altar.

Evangelium

Lk 22,39–46: Vater, *dein* Wille soll geschehen.

Ansprache

Sie sehen den Kelch auf dem Altar. Er erinnert uns an die Mitte unserer Zusammenkünfte, wenn wir hier das Leiden und die Auferstehung

Jesu Christi feiern und seiner Hingabe gedenken. Aber auch wir selbst haben manchmal in unserem Leben den Kelch, angefüllt mit Leid und Not, vor uns gehabt.

Diesen Kelch darf ich in die Hand nehmen und über Jesu Leben und unser Leben nachdenken:

1. Am Ölberg kniet Jesus nieder und betet: »Vater, wenn du willst, nimm diesen Kelch von mir! Aber nicht mein, sondern *dein* Wille geschehe.« Da erschien ihm ein Engel vom Himmel und gab ihm neue Kraft.

   Diesen Engel haben wir uns auch gewünscht, wenn wir uns zu schwach fühlten, das Leid bis zur Neige auszuhalten. Wer dazu nein gesagt hat, ging nicht einen leichteren Weg. Die Vaterunser-Bitte »Dein Wille geschehe!« verlangt uns alles ab, ist aber der Schlüssel in das größere Vertrauen auf Gott.
2. Der evangelische Theologe Dietrich Bonhoeffer hat im Angesicht seines Todes einen Text geschrieben, der auch von einem Kelch spricht. Wir kennen das Lied: »Von guten Mächten wunderbar geborgen« (GL 430). Da heißt es in der 3. Strophe: »Und reichst du uns den schweren Kelch, den bittren, des Leids gefüllt bis an den höchsten Rand, so nehmen wir ihn dankbar ohne Zittern aus deiner guten und geliebten Hand.« Wer kann schon so einen Kelch dankbar und ohne Zittern trinken bis zur bitteren Neige? Wir können nur hoffen, dass dann der Engel vom Ölberg, die Hilfe »von oben«, auch uns stärkt.
3. Darum steht so ein Kelch bei unseren Zusammenkünften am Sonntag im Mittelpunkt *(L. stellt den Kelch wieder auf den Altar)*. Er will uns klarmachen, dass wir aufgerufen sind, in die Fußstapfen Jesu zu treten. Wenn uns einmal das Leid in der vollen Breitseite trifft, kann er uns befähigen, vertrauensvoll zu sagen: »Vater, nicht mein Wille, der *deine* mag geschehen!«

20. Das Grab ist leer

Hinführung

Weil Jesus den Tod besiegt hat, braucht niemand hoffnungslos zu weinen. Aber noch stehen wir in den Sackgassen unserer Ängste und Zweifel. Möge diese Feier uns mit neuer Zuversicht und Freude erfüllen.

Lesungen

1 Kor 15,42–44: Was auferweckt wird, ist herrlich;

Lk 24,1–12: Das Grab ist leer. Was sucht ihr den Lebenden bei den Toten?

Ansprache

Die Kinder einer zweiten Klasse hingen an den Lippen der Lehrerin, als sie von der Auferstehung Jesu sprach und von den vielen Symbolen neuen Lebens, die das Wunder von Ostern in der Schöpfung augenfällig machten.

Nur bei einem, bei Jonathan, war sie sich nicht sicher, weil er körperlich und geistig leicht behindert war und an einer rätselhaften, unheilbaren Krankheit litt. Aber auch er schaute sie unverwandt an.

Am Schluss gab sie jedem Kind ein Plastik-Ei und stellte die Hausaufgabe, es bis zur nächsten Stunde mit etwas zu füllen, was neues Leben symbolisierte. Gleichzeitig nahm sie sich vor, Jonathans Eltern anzurufen, um ihnen die gestellte Aufgabe zu erklären.

Die nächste Religionsstunde wurde recht lebendig. Im ersten Plastik-Ei lag ein Krokus, und ein Kind erklärte: »Wenn die ersten Spitzen aus der Erde ragen, wissen wir, dass es Frühling wird und die Erde zu neuem Leben erwacht.« In einem anderen Ei lag ein Schmetterling zum Anstecken, dieses wunderbare Symbol für die Auferstehung; denn wer würde vermuten, dass aus einer unansehnlichen Raupe so ein Wunder schlüpft?

Das Ei daneben enthielt einen kleinen Osterhasen – auch ein Symbol für neues Leben, weil er so schnell Nachwuchs bekommen kann. Und weiter kam noch ein buntes Osterei zutage sowie ein kleines Fähnchen, wie es in gebackene Osterlämmer gesteckt wird. Und dann – die Lehrerin spürte, das Plastikei ist *leer*; es durchfuhr sie: Das ist bestimmt Jonathans Ei! Warum hatte sie vergessen, die Eltern anzurufen!? Sie wollte das Ei zur Seite legen, um Jonathan nicht in Verlegenheit zu bringen. Aber da meldete er sich schon: »Warum wollen Sie nicht über *mein* Ei sprechen?« Verwirrt sagte sie: »Aber dein Ei ist doch *leer!*« Da entgegnete Jonathan leise: »Ja, aber das Grab Jesu war doch auch leer. Der Vater hat ihn da herausgeholt und wieder lebendig gemacht!« – Die Lehrerin musste ihre Tränen unterdrücken: Hatte dieser zurückgebliebene Junge nicht mehr von der Auferstehung verstanden als alle anderen Kinder?

Drei Monate später war Jonathan tot. Als die Klasse hinter dem Sarg herging, wunderten sich manche über die offenen Eierschalenhälften auf dem Sarg, die allesamt leer waren.

Die Entscheidung liegt bei uns: Uns an Ostern nur über die neuen Frühlingsboten zu freuen oder mit gläubigem Herzen zu sprechen: »Danke, der Tod hat durch Jesus Christus nicht das letzte Wort.«

STARK GEKÜRZT UND GEÄNDERT NACH IDA KEMPEL

21. Unterwegs nach Emmaus

Vorbereitung

Ein Rucksack, in dem ein Navi, eine Flasche Wasser, ein kleines Brot, eine Kerze mit Streichhölzern und ein kleines Schatzkästchen liegen.

Hinführung

Wer eine längere Wanderung plant, nimmt einen Rucksack mit, in dem das Nötigste ist: In diesem Rucksack *(L. hebt ihn hoch)* habe ich schon Notwendiges eingepackt. Was, meinen Sie, sehe ich als ganz wichtig an?

Evangelium

Lk 24,13–35: Die Emmausjünger.

Ansprache

Da haben wir von einer langen Wanderung gehört. Der Weg nach Emmaus in der Hitze des Landes dauerte zwei Stunden.

Was habe ich nun in diesem Rucksack, was den Weg erleichtern kann?

1. Zuerst dieses *Navi* *(L. zeigt es)*, ich hätte stattdessen auch einen Kompass nehmen können. Aber einfacher ist, »Emmaus« einzutippen. – Ich möchte natürlich alles in dem Rucksack tiefer deuten, damit es auch zu uns passt. Navi heißt: Ich brauche eine Sehnsucht; ich sehne mich nach Antworten, die ich versuche, im Glauben zu finden. Ich brauche Sinn für das Leben – ein Ziel! Den Jüngern von Emmaus ging es zunächst nicht gut: Ihnen war gerade alles aus den Händen geschlagen. Ihr Glaube an Jesus lag zertrümmert. Haben wir ähnliche Erfahrungen gemacht?
2. Dass ich eine *Flasche Wasser* eingesteckt habe, haben Sie sicher vermutet. Wasser meint mehr als Trinken. Schon am Jakobsbrunnen sagte Jesus zu der Frau: »Du wirst wieder Durst bekommen. Ich schenke dir ein Wasser, da wirst du nie mehr dürsten.« Ja, auch wir sind unterwegs und sind schon zufrieden mit einigen kleinen Schlückchen: Balsam für die Seele wäre schon, wenn uns einer auf dem Weg Mut macht oder uns sagt: »Schön, dass es dich gibt.« So wie Gott einmal zu Jesus sagte: »Du bist geliebt, mein geliebter Sohn.« – Was für Worte hörten die Emmausjünger wohl, als sie später sagten: »Brannte uns nicht das Herz in der Brust, als er uns die Worte der Heiligen Schrift erklärte?« (Lk 24,32) Also: Notwendig für die Lebenswanderung sind Worte, die aufrichten, von Menschen und aus dem Munde Gottes – sie sind wie ein Wasserguss in den Brunnen unserer Seele.
3. Dann dieses *Brot.* *(L. zeigt es)* Die Emmausjünger erkannten Jesus an der Art, wie er das Brot brach. Wallfahrer können das bestätigen: Immer, wenn sie sich zum Essen zusammensetzen, entstehen die dichtesten Momente. Dann wird Gemeinschaft spürbar, die trägt. Darum versammeln wir uns ja immer um den Tischaltar, um uns Kraft für die Seele zu holen.

4. Diese *Kerze* und Streichhölzer können lebensrettend sein: In der Dunkelheit können wir ohne Licht keinen Wegweiser entziffern. Ein Licht nimmt Angst. Eine Flamme kann etwas entzünden, das wärmt. Darum sprach Jesus von sich als Licht der Welt (Joh 8,12), in dem wir alle Finsternis überwinden können.
5. Da ist noch etwas, ein *Schatzkästchen*. *(L. zeigt es)* Es steht für eine Freundschaft; für jemand, der mitgeht. An sich waren die Emmausjünger, da sie zu zweit unterwegs waren, auch stark. Aber es fehlte eben die innere Begeisterung. Und dann kam die erlösende Erkenntnis: Jesus lebt! Und sie liefen den ganzen Weg zurück. Mit einem Freund an der Seite ist kein Weg zu lang. Danke, dass wir in Jesus immer einen unsichtbaren Freund haben, der mitgeht.

(L. hebt den Rucksack hoch:) Marschverpflegung für alle, die nur Gast auf Erden sind.

(Er legt den Rucksack vor den Altar)

Liebe / Maria – Mai

22. Man hört nur mit dem Herzen gut

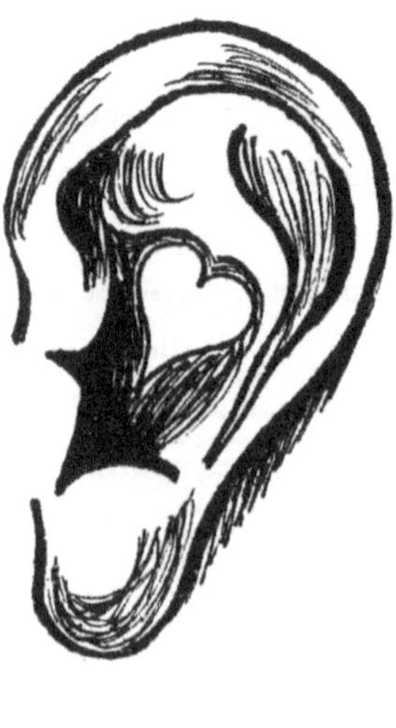

Vorbereitung

Nebenstehende Grafik von Marina Schlang sollte vergrößert zu sehen sein.

Hinführung

Wir sehen das große Ohr. Das Ohr ist ungeheuer wichtig: Nirgendwo im Körper enden so viele Nerven wie am Ohr. Hören ist das Erste, was wir Menschen können – schon ab dem dritten Monat kann das

Kind im Leib die Stimme der Mutter vernehmen. Das Ohr ist auch das Letzte, welches wir am Lebensende aufgeben.
Und warum haben wir *zwei* Ohren und nur *einen* Mund?

Evangelium
Mk 7,32–37: Jesus legt dem Gehörlosen die Finger in die Ohren.

Ansprache
Vielleicht hat Jesus dem Taubstummen, heute sagen wir »Gehörlosen«, erst alles aus den Ohren geholt, was diese verstopften. Der geistliche Dichter Wilhelm Willms hat das sehr anschaulich beschrieben: Er räumte die Floskeln, die Lügen, die blöden Bemerkungen, die Vorurteile aus den Ohren. Und dann noch die religiösen Sprüche, die saßen direkt auf dem Trommelfell.
Durch welchen Wust müsste sich Jesus bei uns durcharbeiten? Wie dem auch sei: Wir sehen im Ohr ein Herz. Und das ist das Entscheidende für Liebende, denen der Monat Mai besonders gewidmet ist: Wer nicht alle Informationen, alle Bemerkungen *mit Liebe* im Ohr wahrnimmt, der steht in Gefahr, dass die Liebe abhandenkommt.
Sie, liebe Seniorinnen und Senioren, haben genug Auseinandersetzungen in der Ehe oder Partnerschaft durchgemacht. Wenn der andere Partner nicht mehr zuhören konnte und alles ins falsche Ohr bekam, dann riskierte er das Miteinander und das Aus im Zusammenleben.
Mit *Liebe* zuhören können ist die Grundvoraussetzung für ein gutes Gelingen der Zweisamkeit. Das gilt ebenfalls für jeden Seniorenclub und andere Gemeinschaften.
So wünsche ich uns allen Herzen im Ohr, die liebevoll zuhören können. Wenn wir uns hier auch etwas von Jesus sagen lassen, dann kann er dafür sorgen, dass unsere Ohren frei bleiben von allem, was sie verstopfen kann. Menschen, die in Liebe zuhören, können ein Geschenk des Himmels sein.

Fürbitten

L.: Wir rufen zu dem, der nehmen und geben kann. Herr, unser Gott, wir bitten dich:

– Lass uns in Gesellschaft und Kirche auf Menschen mit Herzohren treffen, die auch die leisen Untertöne wahrnehmen, mit denen wir verschlüsselte Nachrichten übermitteln.

– Hilf uns, in den christlichen Gemeinschaften nicht mit verstopften Ohren herumzulaufen, die taub sind für alles, was um sie herum geschieht.

– Schenke besonders den Christen ein offenes Ohr für alle, die kaltgestellt oder abgeschoben sind.

– Berühre unsere Ohren, dass wir das Singen der Vögel und das Rauschen des Regens noch wahrnehmen und fähig werden, den Mitmenschen mit Wertschätzung und Wohlwollen zuzuhören.

L.: Denn dann, Herr, tragen wir mit dazu bei, dass jetzt schon mehr Himmel zu spüren ist.

23. Maria einen Maibaum setzen

Vorbereitung

Ein Birkenzweig als »Maibaum«, evtl. ein Christbaumständer zum Fixieren. (Oder jemand hält den Zweig fest.) Kreppbänder in den Farben des Regenbogens und Weiß. Nach dem gesprochenen Text flicht der/die Sprecher/in das Band in den Zweig.

Hinführung

Heute haben wir etwas Originelles vor: So wie Liebende einander einen Maibaum setzen, möchten wir auch Maria auf diese Weise ehren. In der Gegend von Bamberg setzen wirklich junge Männer auch ihr einen solchen Baum.

Evangelium

Joh 19,25–27: Maria ist auch unsere Mutter.

Ansprache als Sprechspiel

L.: Wir hören, was die Farben über die Gottesmutter zu sagen haben:

1. *(mit rotem Band):* Mein Band erinnert an ihre Liebe. Rot ist auch die Farbe des Heiligen Geistes, zu dessen Wirken Maria »Ja« gesagt hat.
2. *(mit gelbem Band):* Maria vertraute der Sonne Gottes. Und wenn der gelbe Schein der brennenden Kerzen aufleuchtet, vertrauen die Menschen der Gottesmutter.
3. *(mit weißem Band):* Weiß steht für die Reinheit und Heiligkeit. Weil sie das unvergleichlich ausgestrahlt hat, wurde sie auch mit Leib und Seele in den Himmel aufgenommen.
4. *(mit blauem Band):* Blau ist der Mantel Mariens über dem roten Kleid der Liebe. Maria hat ganz auf Gott vertraut und ist darin ein Leben lang treu geblieben.
5. *(mit violettem Band):* Das Leid ist Maria nicht erspart geblieben. Aber sie verzweifelte auch nicht daran, als sie die Dornen der Liebe zu spüren bekommt.
6. *(mit grünem Band):* Grün ist die Farbe für eine Hoffnung, die sich nie besiegen lässt. So hoffen wir mit Maria, dass am Ende alles gut ausgeht – mit uns und unserer zerrissenen Welt.
7. *(mit rosa Band):* Rosa ist die Farbe der Vorfreude: Maria ist auch unsere Mutter. Darum dürfen wir mit unseren Sorgen und Nöten zu ihr kommen. Sie will, dass wir alle zur himmlischen Herrlichkeit finden.

L.: Jetzt sehen wir den Maibaum für Maria mit den Farben des Lebens geschmückt. Wir stellen ihn Maria zu Füßen, um ihr zu danken und sie zu loben. Wir legen ihr ans Herz: Maria, Mutter des Herrn, bitte für uns bei deinem Sohn!

Zum Thema »Maria« auch die Nummern 40, 66, 67.

Pfingsten / Kirche / Glaube – Juni

24. Wunderkerze »Pfingsten«

Vorbereitung
Eine Kerze und mehrere (größere) Wunderkerzen; eventuell für jede/n.

Hinführung
Pfingsten ist der Geburtstag der Kirche. Die Jünger säßen heute noch versteinert hinter verschlossenen Türen, wenn nicht eine faszinierende Kraft ihre Augen und ihr Herz geöffnet hätte.

Lesungen
Apg 2,1–11 (hier: 1–4): Es erschienen ihnen Zungen wie von Feuer;
Joh 20,19–23: Empfangt Heiligen Geist!

Ansprache
(L. entzündet die Kerze an der Altarkerze:) Es genügt schon im Dunkeln das Licht einer Kerze, um uns einen Teil unserer Angst zu nehmen. In der Osternacht ist es ein Höhepunkt, mitten im Dunkel der Nacht die Osterkerze als »Christus, das Licht« in den Kirchenraum zu tragen. Wir bekommen auch zu allen Lebenswenden ein Licht überreicht: bei der Taufe, der Kommunion, die Gemeinschaftskerze bei der Firmung, die Ehekerze, die Kerze bei der Priesterweihe und die am Sterbebett.
Was aber geschieht an Pfingsten? Da wird kein Licht überreicht, da »explodiert« eine Macht in Feuerzungen. Und welche Wirkung: Der zuvor ängstliche Petrus steigt aufs Dach des Hauses, um eine begeisternde Predigt zu halten, nach der sich dreitausend(!) Menschen taufen lassen.
Um dieses Wunder zu veranschaulichen, habe ich hier eine besondere Kerze mitgebracht, eine Wunderkerze, die ich am Licht der Osterkerze entzünden darf. *(L. entzündet die Wunderkerze und drückt gegen Ende*

eine weitere an den glühenden Draht, damit auch sie sich entzündet:) Sie sehen, wer sich von der explosiven Kraft des Heiligen Geistes erfassen lässt, sprüht Begeisterung aus: Die aber muss weitergegeben werden, damit alle Welt ins Staunen gerät! *(Jetzt werden Wunderkerzen verteilt und einige Teilnehmer/innen stellen sich in eine Art Stafette auf und lassen das sprühende Wunder von Pfingsten weiterbrennen)*
Wie schön, wenn dieses Wunder auch heute noch Menschen in aller Welt begeistert und vor allem viele hier in unserem Missionsland entzündet.

25. Pfingsten an einem Auto verstehen

Hinführung

Wir brauchen ein neues Feuer, das uns *innen* erwärmt, das leuchtet, das reinigt, das verbrennt. Der große Antonius von Padua hat es einmal so gedeutet: Dieses Feuer des Heiligen Geistes erwärmt die Lauen, erleuchtet die Suchenden, reinigt unsere Herzen von allen Versuchungen und verbrennt unsere Schuld.
Lassen wir uns am Pfingstfest von diesem Heiligen Geist anhauchen!

Lesungen

Gal 5,22–23.25–26: Geschenke des Heiligen Geistes;
Joh 20,19–22: Er hauchte sie an.

Ansprache

Darf ich einmal Pfingsten mit des Deutschen »liebstes Kind« erklären?: Mit dem Auto. Ich sage nicht: Der Heilige Geist ist ein Auto. Aber im Auto gibt es Teile, die das Geheimnis von Pfingsten treffend symbolisch umschreiben:

1. Die *Zündkerze,* die alles in Bewegung setzt. Jesus sagt: »Ohne mich könnt ihr nichts tun!«
   Diese Zündkerze, der schöpferische Funke Gottes, trieb Papst Johannes XXIII. an, als er ein Fenster öffnete und mit dem 2. Vatika-

nischen Konzil der Kirche »frische Luft« verschaffte. – Auch heute bräuchten wir wieder solche Anstöße.

2. Die *Klimaanlage* im Auto, die uns trotz Hitze oder Kälte angenehm unterwegs sein lässt. In der Lesung haben wir eben gehört, in welchem Klima wir am besten unterwegs sind: mit Freude, Freundlichkeit, Mut, Friede, Treue. Und was wir heutzutage brotnötig brauchen: Solidarität, Gerechtigkeitsempfinden, Einfühlungsvermögen, Hilfsbereitschaft … In solch einem Klima werden Probleme nicht gleich beseitigt, aber leichter bewältigt.
3. Und da sind am Auto die *Scheinwerfer,* die manche Dunkelheit in unserer Welt aufhellen können: In ihrem Licht leuchten Warntafeln auf, kann ich über die Begrenzungspfähle leichter die Kurven erfassen oder auf schwächere Verkehrsteilnehmer, zum Beispiel mit Fahrrädern, aufmerksam werden. Wir brauchen solche Scheinwerfer, die wahre Werte hervorheben und uns nicht im Straßengraben landen lassen, damit wir nicht auf so manche Irrlichter, auf die schrillen ausgeklügelten Werbesprüche und die Parolen der Mächtigen hereinfallen.

Also: So ein Auto (natürlich möglichst ein umweltfreundliches!) mit seinen Bestandteilen hilft uns an Pfingsten, unsere Ziele leichter zu erreichen. So komm, Heiliger Geist, zünde in uns, schenk uns im Miteinander ein gutes Klima und lass uns in deinem Licht die Welt betrachten.

STARK VERKÜRZT NACH REINHOLD STECHER, DER HEILIGE GEIST UND DAS AUTO, TYROLIA VERLAG, INNSBRUCK 2015, S. 73–78

26. Drei entscheidende Schlüssel, um die Welt aufzuschließen (Kirche)

Vorbereitung

Drei größere Schlüssel sind in den Farben Rot, Blau und Gold besprüht.

Hinführung

(L. zeigt alle drei Schlüssel:) Heute wollen wir über unsere Kirche nachdenken, die an Pfingsten ihren Geburtstag feiert. Der Schlüssel des heiligen Petrus ist darunter: Welcher ist es wohl? (Antworten …) Wir werden sehen!

Evangelium

Mt 16,18–19: Dir, Petrus, werde ich die Schlüssel des Himmelreiches geben.

Ansprache

So viel Himmelreich hat die Kirche durch die Päpste nicht immer gebracht.

Auch deshalb kämpft sie in unseren Breitengraden ums Überleben: Wenn die mittlere Generation der jüngeren Generation kaum noch weitergeben kann, was Kirche will, verdunstet sie.

Vielleicht haben die Päpste auch oft *(L. zeigt wieder alle drei Schlüssel)* zum falschen Schlüssel gegriffen, haben zugeschlossen, wo sie hätten öffnen müssen, und haben geöffnet, wo sie besser zugemacht hätten. Aber wer will frühere Jahrhunderte beurteilen?

(L. mit dem roten Schlüssel:) Jesus zeigte, dass nur die Liebe Menschen aus ihrem inneren Gefängnis holt, und hat sie dann in Freude der Freiheit des neuen Lebens überlassen. Er stellte das Herz über das Gesetz. Wir denken an die Sünderin, ja selbst der Verbrecher am Kreuz bekam diese Chance. Und dass Kirche so groß werden konnte, hat sie vielen Menschen bis hin zu den Päpsten zu verdanken, die das Gebot der Liebe verwirklicht haben.

(L. holt den blauen Schlüssel heraus:) Dieser Schlüssel meint den Glauben an Gott und das Vertrauen auf Jesus. Wer hier Vertrauen wagt, geht in dieser Gegenwart Gottes nie unter, sollten die Wellen eines Schicksalsschlages noch so hoch sein. Danke für all die Menschen, die deshalb in der Kirche alles gewagt und die Welt bewegt haben.
(L. mit dem goldenen Schlüssel:) Mit diesem Schlüssel, oft sind es zwei, wird Petrus dargestellt: Der Wächter an der Himmelstür, der auf- oder zuschließt. Wenn er alles richtig machen will – und das gilt auch für alle seine Stellvertreter – dann wird er in seinem Amt immer mal wieder auf den roten oder blauen Schlüssel schauen.

27. Der Glaube – wie eine Schwimmweste

Vorbereitung
Eine Schwimmweste.

Hinführung
Wer sich auf dem Wasser extrem bewegen will – Surfer, Segler, Yachtliebhaber –, der muss zur Sicherheit eine Schwimmweste anlegen.

Evangelium
Mt 14,22–33: Petrus versinkt nicht vollends im Wasser.

Ansprache
Auf dem Wasser unseres Lebens gibt es immer mal wieder unvorhergesehene Windböen, die unser Lebensboot kentern lassen können. Solche Windböen heißen: Arbeitslosigkeit, Scheidung, Arztbefund, Depression. Dann ist es besonders wichtig, eine Schwimmweste zu tragen, die mit »Vertrauen auf Gott« umschrieben werden kann. Das eigentlich schwierige Wort »Religion« heißt ja »sich binden, sich festhalten« an dem, was göttlichen Beistand verspricht.
Der Blick des Petrus auf Jesus bewahrt ihn vor dem totalen Versinken.

Schon bei der Taufe ist uns diese Schwimmweste umgelegt worden: »Komm, ergreife immer wieder die Hand von Jesus!« Und in jedem Sakrament wird die Schwimmweste neu TÜV-geprüft. Was hindert uns, wenn uns das Wasser bis zum Hals steht, darauf zu vertrauen, dass sie uns trägt? Nein, besser: *Er* uns trägt! *(L. zeigt dabei aufs Kreuz)*

NACH EINER IDEE VON MELODY BEATTIE

28. Vom Stab des Glaubens

Vorbereitung

Ein imposanter Stab (Pilgerstab).

Hinführung

»Glauben Sie«, so wurde einer gefragt, »an den lebendigen Gott?« Und er antwortete: »Ich lebe davon, dass er an *mich* glaubt!«
»Und was halten Sie von Christus?« Und er antwortete: »Ich baue darauf, dass er *mich* hält!«
Was glauben *wir*?

Lesungen

Gal 3,26–29: Was Glaube bewirkt;
Lk 9,18–20: Das Glaubensbekenntnis des Petrus.

Ansprache

(L. zeigt den Stab)

1. So ein Stab wirkt wie ein drittes Bein. Muss ich auf einem Pilgerweg zum Beispiel einen Bach überqueren, ist er mir eine gute Hilfe. Der Philosoph Friedrich Nietzsche, der ein Leben lang nach Gott suchte, sagte einmal: »Wer ein *Warum* zu leben hat, erträgt fast jedes *Wie!*«
   Warum nehmen auch Ältere die Strapazen auf dem Pilgerweg nach Santiago de Compostela zum heiligen Jakobus auf sich? Weil dieser ein *Warum* beantworten kann, und dann ist dem Pilger und der

Pilgerin das *Wie,* also steile Wege, Kälte und Hitze, kein Hindernis.

Das haben jedenfalls auch die Menschen der Gulags und Konzentrationslager unserer Zeit bewiesen: Wer eine Vision hatte, wer ein *Warum* beantworten konnte, der hat eher überlebt.

2. Werfen wir einen Blick in die Bibel: Wir stoßen auf viele Stäbe, die bestimmend waren; Stäbe als Symbol für einen Glauben, der stärker macht.

   Erinnern wir uns an Mose: Er stand mit einem Stab vor dem Pharao, und dieser Stab verschlang all die falschen Schlangen der Zauberer (Ex 7,12). – Mose schlug mit dem Stab aufs Rote Meer und – es teilte sich (Ex 14,16). *(L. schlägt mit dem Stab nach unten)* – Mose stand auf dem Berg und hielt den Stab hoch über seinen Kopf. *(L. hält den Stab quer über sich)* Und solange er die Arme nach oben hielt, war das ein gewaltiges Fürbittgebet, das sein Volk über die Amalekiter siegen ließ (Ex 17,9ff). Weil die Israeliten die heilende Kraft des Stabes, des Glaubens an Gott, erlebt hatten, legten sie diesen Stab später ins Heiligtum, in die Bundeslade – neben die Tafeln mit den Zehn Geboten und etwas Manna.

   Als die Jünger nach Emmaus gingen und ihre Augen noch nicht den Mann in ihrer Mitte erkannt hatten, da erschien er ihnen später wie ein Stab, der sie aufrichtete, ja, diese Glaubenserfahrung ließ sie auch wieder zwei Stunden zurücklaufen, um den anderen Jüngern zu berichten: Jesus lebt! Er ist wahrhaft auferstanden! Es lohnt sich, an ihn zu glauben. – Es ist wie das Glaubensbekenntnis des Petrus, das wir eben gehört haben: Du bist der Messias Gottes! (Lk 9,20).

3. Es gibt noch eine Person im Neuen Testament, eine Frau, an der wir erkennen können, wie unser Glaube beschaffen sein darf! Ich meine Maria von Magdala, die enge Gefährtin Jesu: Sie bleibt unter dem Kreuz stehen, auch, wenn sie manches nicht versteht oder glauben kann. Als sie dann im Gärtner plötzlich Jesus erkennt und ihn festhalten will, wie einen Stab, da sagt er ihr: Halte mich nicht fest! (Joh 20,17). Das heißt: Du darfst an mich glauben, diesen Halt

sogar genießen, mich aber nicht »konservieren« – sondern immer wieder neu suchen.

Und er gibt ihr den Auftrag: Geh zu meinen Brüdern (und Schwestern) (Joh 20,17) und sag ihnen die gute Nachricht, dass ich lebe und auch ihr leben werdet (Joh 14,19).

Glauben heißt also auch: Weitergeben, was ich als hohes Gut erfahren habe – wie es den Generationen vor uns oft gelungen ist.

Schaut also auf diesen Stab, den ich jetzt gegen den Altar lehne. Wie schon der Psalmist ruft: »Dein Stock und dein Stab geben mir Zuversicht!« (Ps 23,5).

Woran können sich die festhalten, deren Glauben verdunstet oder in zu großen Zweifeln abhandengekommen ist?!

Zum Thema »Glauben« siehe auch die Nummern 44, 47, 60.

Sommer / Schöpfung – Juli

29. Lernt von den Lilien des Feldes

Vorbereitung

Eine Lilie in einer Blumenvase.

Hinführung

Diese Lilie auf dem Altar soll ein Beispiel sein für unsere immer noch wunderbare Schöpfung. Manchmal kann sie mit ihrem Duft den ganzen Altarraum erfüllen.

Mit der Lilie wollen wir heute der Natur danken, die sich im Sommer vor uns so herrlich ausbreitet.

Evangelium

Mt 6,28f: Lernt von den Lilien, die auf dem Feld wachsen.

Ansprache

(L. nimmt die Lilie:) Schauen wir auf ein Wunder der Schöpfung! Wir können von ihr lernen:

1. Im Winter darf sie sich unter Eis und Schnee ausruhen. – Wenn sich die Menschen in ihrem Stress auch mehr Zeit zum Entspannen ließen – selbst die Freizeit ist bei vielen purer Stress –, gäbe es weniger Depressionen.
2. Die Lilie schöpft ihre Kraft aus den Wurzeln, aus unsichtbaren Tiefen. – Auch wir dürfen aus Quellen schöpfen, die uns geschenkt sind: Gesundheit, Vertrauen in der Familie, die Zuneigung der Freunde, die Sympathie der Mitmenschen, der Glaube an Gott.
3. Die Lilie wendet sich der Sonne, dem Licht zu. – Interessant, wie die Menschen in den nordischen Ländern merken, dass das Licht unabdingbar ihren Körper stark macht.
4. Dann entfaltet sie *allmählich* ihre Knospe. – Die Hektik macht uns krank. Wer kann noch warten?
5. Wie jede Blume erfreut sie uns dann mit ihrer Blütenpracht – wie auch wir unsere inneren Schätze in die Gesellschaft einbringen dürfen.
6. Die Lilie wiegt sich im Wind und bleibt doch fest verwurzelt. Regeln und Gesetze helfen auch uns, im Gleichgewicht zu bleiben und so das Leben zu genießen.
7. Sie verschenkt ihre Früchte, die sich nach der Blüte bilden. – Wie wir uns erfreuen an den Früchten unseres Lebens: An dem, was wir geschafft haben, und in den Kindern und Enkeln, die etwas von uns weitertragen.

Jesus sagt: Lernt von den Lilien des Feldes. Ja, wir nehmen dankbar dieses Wunder der Schöpfung an.

NACH HEINZ HECTOR UND WOLFGANG RAIBLE

Fürbitten

L.: Gott, Schöpfer des Himmels und der Erde, Vater aller Menschen. Du zeigst dich uns täglich in den vielfältigen Wundern deiner Schöpfung.

Im Vertrauen auf deine Güte rufen wir zu dir:

- Du hast uns Menschen ins Dasein gerufen. – Erhalte uns Lebensfreude, Zuversicht und Hoffnung.
- Du gibst uns Tag für Tag, was wir zum Leben brauchen. – Lass uns dankbare und zufriedene Menschen sein.
- Du hast uns Zeit anvertraut. – Mache uns bereit, sie zum Wohl der Menschen und zu deiner Ehre zu nützen.
- Du hast uns deine Schöpfung anvertraut. – Lass uns erkennen, dass die Zukunft der Menschheit mit der Zukunft der Schöpfung verbunden ist.

L.: Für all das, womit du uns Tag für Tag die Hände füllst, wollen wir danken, heute und alle Tage unseres Lebens.

Siehe auch die Nummer 33.

30. Einladung zur Langsamkeit

Vorbereitung

Eine große Schnecke – wie man sie oft getöpfert sieht.

Hinführung

Wir sind ein Leben lang gehetzt. Und auch zur Schnecke gemacht worden. *(L. zeigt auf die Schnecke)* Jetzt in unserem Alter dürfen wir es geruhsamer angehen lassen.

Lesung

Jak 5,7–8.10–11: Mahnung zur Geduld.

Ansprache

Ein Hase überredete eine Schnecke, mit ihm ein Rennen zu veranstalten. Natürlich war der Hase haushoch überlegen. Als die Schnecke ankam, stellte sie ihre Fühler selbstbewusst noch etwas länger in den Wind und sagte: »Na klar, du warst schneller, aber hast du auch die

schönen Blumen am Rande gesehen und den herrlichen Blick ins Tal genossen?« Der Hase verstand nicht.
Genau: Wer im Düsenjäger Deutschland überfliegt, hat doch nicht viel gesehen und kennt vor allem nicht die schönen Winkel. Dafür dürfen wir uns jetzt im Alter Zeit lassen. Wir hatten doch oft den Tiefgang verloren, wenn wir meinten, unseren Terminen nachjagen zu müssen.
Jetzt hätten wir auch mehr Zeit, Gefühle zu zeigen. Wie oft haben wir uns ins Schneckenhaus zurückgezogen, wenn uns einer zu nahe kam!
Und wir dürfen anspruchsloser leben. Wir sehen doch an der Schnecke, die ihr ganzes Haus dabeihat, mit wie viel weniger Hausrat wir auch genauso glücklich hätten sein können.
Haben es die tausend Dinge, mit denen wir uns umgeben haben, denn wirklich gebracht?
Auf einem Friedhof habe ich einmal eine schöne Schnecke mitten auf einem Grabstein gesehen. Warum eine Schnecke? Ich habe in schlauen Büchern nachgeschaut. Da stand: So wie die Schnecke im Winter sich vor dem Austrocknen schützt und deshalb ein festes Häutchen aus Schleim vor den Eingang setzt, so durchbricht sie im Frühjahr wieder diesen Verschluss und tritt neu ins Leben: So will Gott den Kokon unseres »Sarges« einmal aufsprengen für das ewige Leben. Darum ist die Schnecke ein weithin vergessenes Symbol für die Auferstehung.
Also: Hätten Sie gewusst, dass die Schnecke uns so viel verraten kann?

Christsein – August

31. Das Innere entscheidet

Vorbereitung
Ein Amethyst.

Hinführung
Ein Weiser sagte: »Unser Denken und Tun muss sich um folgende drei Dinge bemühen:

Bescheiden sein – uns in unserer Gesinnung um Reinheit bemühen – und in unserem Handeln in der Absicht ehrlich bleiben.«

Evangelium

Mt 13,44–46: Den Schatz im Acker unseres Lebens finden.

Ansprache

Dieser Stein hier *(L. zeigt den Amethyst von außen)* strahlt nichts aus. Wir könnten einfach weitergehen. *(L. dreht ihn um:)* Aber jetzt: Welche Schönheit! Welches Wunder, das da in Millionen Jahren herangewachsen ist! In einem *Stein*!

Wer sich im Alter im Spiegel betrachtet, kann sich an ein schöneres Gesicht erinnern. Aber darauf kommt es doch gar nicht an: Denn die Schönheit liegt doch *innen*! Und wenn wir uns bewusst sind, welche Schätze in uns liegen, dann kann das bis in unser Gesicht ausstrahlen und es trotz der vielen Falten schön machen. Auf das *Innere* kommt es an!

Das Betrachten unserer inneren Schätze wird durch Gott noch leuchtender. Der Pfarrer von Ars hat gesagt: »Du bist nur das, was du vor Gott bist, nicht mehr und nicht weniger!« Und dieser Gott sagt zu uns: »Du bist von mir geliebt. Du bist doch mein Geschöpf; du liebst doch auch deine Kinder bis zuletzt. Ich lieb dich sogar, wenn du Fehler machst. Und zuletzt umarme ich dich!«

Das kann doch unser Selbstbewusstsein unendlich heben. Da bleiben doch meine Unterlassungen und Unzulänglichkeiten eine Stelle hinter dem Komma.

Es gibt Menschen, die innerlich unzufrieden sind und draußen alles Negative regelrecht heraussuchen. Auch in der Kirche können sie ganz schön heucheln – manchmal, ohne es selbst zu merken. Sie werden gerne zu »Speichelleckern«, die über andere herziehen, oder zu Sittenwächtern. Aber wer auf die Schätze in sich *(L. zeigt wieder die Innenseite des Amethysts)* schaut, wer das Positive im Acker seines Lebens sucht, der braucht sich doch gar nicht über die zu ärgern, die einen herunterziehen können. Schauen wir doch nach vorne, wo Jesus die Sicht sei-

nes Vaters verinnerlicht hat und sich auf die ausgebreiteten Arme festnageln ließ. Wenn der Wichtigste auf unserer Seite ist und unser Bemühen kennt, dann können wir doch all die Wassertropfen des Neides und anderer Untugenden, die uns wehtun, abschütteln.
Auf das *Innere* kommt es an!
(L. legt den Amethyst mit der schönen Seite auf den Altar)

32. Die Botschaft des Bleistifts

Vorbereitung

Für jede/n einen Bleistift mit oben befestigtem Radiergummi.

Hinweis

Die sieben Weisheiten in der Ansprache können durch sieben verschiedene Personen vorgetragen werden.

Hinführung

Wir nehmen diesen Bleistift *(L. zeigt ihn)* gedankenlos in die Hand. Aber heute erzählt er sieben Weisheiten.

Evangelium

Mt 20,25–28: Der Menschensohn ist gekommen, um zu dienen, oder:
Joh 13,3–15: Die Fußwaschung.

Ansprache

L.: Sieben Weisheiten kann ein Bleistift verraten: Wenn wir sie beherzigen, leben wir viel menschlicher.

1. Der Bleistift sagt uns: Halte mich nach unten. Ja, ich bin zum Dienen da. Das hat uns der Meister Jesus Christus doch immer gesagt und es auch getan (siehe Evangelium:) Leute, die dienen, machen unsere Gemeinschaft stark.
2. Dieser Bleistift braucht Finger, die ihn halten und führen. Wie unsere Eltern, Lehrerinnen, und Ausbilder es getan haben. Danke,

dass wir so gehalten und geführt wurden und es danach auch selber tun durften.

3. Manchmal bricht die Spitze ab. Der Bleistiftspitzer hilft. Wir bekommen eine neue Chance. Danke denen, die sie uns schenken. Auch wenn jetzt der Stift kürzer ist und sich im Leben verbraucht, wir dürfen noch weitermachen.
4. Ein Bleistift kann Unsinn schreiben. Wie gut, dass es am Ende den Radiergummi gibt: Ich kann ausradieren und Fehlerhaftes im Leben verbessern.
5. Mitten im Holz steckt die Graphitmine. Es kommt auf dieses *Innere* an. Ist doch egal, ob das Holz edel aussieht oder einfach; Hauptsache, dass ich mit der Mine schreiben kann. So ist das doch fast immer im Leben: Auf das *Innere* kommt es an; nicht auf das Äußere und die Aufmachung.
6. Die Mine im Bleistift hinterlässt Spuren. Darauf kommt es im Leben an: Dass wir Spuren hinterlassen, unsere Talente einsetzen. Das schenkt auch uns Freude und innere Zufriedenheit.
7. Dem Bleistift ergeht es zuletzt wie der Kerze: Zum Schluss ist nur noch ein Stümpfchen da. Aber er und wir, wir waren zu etwas nütze, wenn wir uns eingebracht haben. Und selbst mit einem Stümpfchen kann ich noch schreiben.

L.: Was ein Bleistift alles sagen kann! Wenn wir ihn in nächster Zeit ab und zu benutzen, erinnern wir uns: Wir sind zum Dienen da! Dann kommen wir Jesus ganz nahe.

33. Die Größe des Kleinen

Vorbereitung

Eine Schale mit einem Steingewächs.

Hinführung

Ein weiser Inder hat einmal gesagt: »Gott wird großer Königreiche müde, kleiner Blumen nie!« (Rabindranath Tagore, 1861–1941)

Lesungen

Phil 2,5–11: Jesus machte sich klein bis unter das Kreuz;
Lk 1,46–55: Gott erhöht das Kleine.

Ansprache

(L. zeigt die Schale:) Schauen Sie diese Schale mit Steingewächsen, übersehbar, aber mit wunderbaren Blüten. Soll ich mal fragen, warum sie nicht auffallen – wie manche eitle Menschenkinder? Sie würden sagen: »Wir blühen einfach. Das ist unsere Natur. Das erfüllt uns; selbst, wenn keiner hinschaut. Wir dienen dem Lobe Gottes – und dir zur Freude, wenn du Augen für uns hast!«

Warum liebt Gott das Kleine mehr als Königreiche? In Jesus hat er seine Vorliebe für die Kinder, die Kranken, die Heimat- und Namenlosen gezeigt. Deshalb kam er auch nicht als strahlender Held zur Welt, sondern wusch seinen Jüngern die Füße und erniedrigte sich bis unter den Galgen. Dieser Jesus sagt: »Werde wie ein Kind – so einfach, so vertrauend, dann kannst du auch von innen heraus froh und frei sein.« So sagte einmal die kleine Theresia von Lisieux, die im Leben auch immer den unteren, den »kleinen Weg« ging: »Gott will verfügbare Menschen, die sich wie im Kind hochheben lassen!« Das Kleinsein macht das Leben leichter, weniger beschwerlich, göttlicher.

Eine demütige Haltung macht uns freier. Wie das Kind im Märchen (»Des Kaisers neue Kleider«) rufen konnte: »Der Kaiser hat ja keine Kleider an!« Insofern sind wir als »Kind« gefährlicher – wie Jugendliche, denen alles Mächtige zunächst einmal verdächtig ist. Auch im Alter brauchen wir nicht immer vorsichtig zu lavieren.

Wer sich klein macht wie ein Kind, kann leichter Beziehungen knüpfen; der Stolze vereinsamt. Das Kind weiß, dass es die Zuneigung und Freundlichkeit anderer braucht, um nicht zu verkümmern. Beim Eingebildeten kann selbst Gott nicht so leicht schöpferisch wirken. Wer aber sagt: »Hier bin ich! Gebrauche mich!«, in dem kann Gott Großes vollbringen – wie in Maria (Lk 1,49) oder in den Propheten.

(L. zeigt wieder die Schale:) Das Kleine ist in Gottes Augen groß: ob die »Grünen Damen« im Krankenhaus, ob die Helferinnen oder die unzähligen Ehrenamtlichen …
Wenn wir wieder einmal ein Kind mit wunderbaren Augen in die Arme schließen dürfen, dann denken wir innerlich: »Danke, Herr, für diese frohe Botschaft!« *(L. stellt die Schale erhöht auf den Altar)*

Meditation nach der Kommunion

1. Spr. Es sagte einmal die kleine Hand zur großen Hand:
Du, große Hand, ich brauche dich,
weil ich mich bei dir geborgen fühle;
weil in deiner Nähe meine Angst verfliegt.
Ich bitte dich: Bleibe bei mir und halte mich!

2. Spr. Es sagte einmal die große Hand zur kleinen Hand:
Du, kleine Hand, ich brauche dich!
In deiner Nähe werde ich froher und gelöster.
Deine Unbeschwertheit macht meine Seele leichter.
Ich bitte dich: Bleibe in meiner Nähe
und erlöse mich aus meiner Starrheit!

3. Spr. Es sagte die ganz große Hand zur kleinen Hand:
Du, kleine Hand, ich brauche dich!
Ich liebe das Kleine und Schwache,
das mir bedingungslos vertrauen will.
Ich brauche dich, um die Großen,
die zu schwerfällig geworden sind,
zur Umkehr zu bewegen.
Ich bitte dich: Hab Geduld mit denen,
die meinen, groß zu sein.

Pfarrfest oder Kirmes / Engel – September

34. Eine einladende Gemeinde

Vorbereitung

Ein ausgedienter Regenschirm.

Hinführung

Eine Kirche, die nicht mehr den Menschen dient, dient zu nichts mehr. (nach Bischof Jacques Gaillot) Eine Pfarrgemeinde, die sich nicht auch »nach unten« einsetzt, macht sich auf Dauer überflüssig.

Lesungen

Sir 3,17–18.20.28–29: Bleibe bescheiden!
Lk 14,1–11: Erhöhe dich nicht selbst.

Ansprache

(L. zeigt den Regenschirm:) Dieser Regenschirm, schon ziemlich zerfranst, soll für unsere Pfarrei stehen, die auch schon … Jahre alt ist. Aber er lässt sich aufspannen und hält Regen ab. *(L. spannt ihn auf)* Schön, wenn noch ein Seelsorger/eine Seelsorgerin hier am Ort wohnt, dessen/deren Sorge es ist, den Schirm immer wieder aufzuspannen:

1. Wir sehen am aufgespannten Regenschirm *(L. spannt ihn auf)* die einzelnen Drahtstangen: Das sind all die, denen es ein Herzensanliegen ist, dass es in unserer Gemeinde nicht hineinregnet. Eigentlich ist seit der Taufe jede/r gerufen, hier Stange zu sein.
2. Ohne die kräftige Stangen und den Halt aus der Mitte *(L. zeigt auf diese)* läuft nichts: Ohne unsere Mitte in Christus zerfällt alles; er hält die Spannungen aus. Mit den Stangen ist unser Engagement gemeint. Sonst stehen wir manchmal im Regen.
3. *(L. dreht den Schirm um:)* So können wir beim Karnevals-(Fastnachts-)Umzug viele Süßigkeiten auffangen. Gemeint ist: Gemeinde ist zum Auffangen und Retten da. Zu viele stürzen ab, da dürfen wir einladend gastfreundlich auftreten – wie Jugendliche

nach ihrem Praktika in den USA berichten: Die kamen sofort in der Kirche auf zu uns, begrüßten uns, suchten ein Gespräch. Auch in unserer Pfarrei könnte ein neuer Frühling beginnen, wenn wir immer das umsetzen, was wir von der Bibel verstanden haben.
(L. legt den Schirm umgedreht vor den Altar)

35. Wie bei der Kirmes

Vorbereitung

Ein großes Bild vom Kirmesplatz lässt ein Riesenrad, eine Schaukel und ein Kettenkarussell erkennen.

Hinführung

Das Wort »Kirmes« kommt von Kirchweihfest – früher das größte Fest im Dorf oder Stadtteil. In Zeiten der Vergnügungsindustrie stehen da tolle Attraktionen. Wir schauen auf einige, die wir noch kennen, und blicken auf sie mit unserem »dritten« Auge, also bis unter die Oberfläche.

Evangelium

Joh 15,1–5: Bleibt mit mir verbunden (zu Nr.1);
Mt 8,23–27: Sturm auf dem See (zu Nr. 2);
Mt 17,1–9: Erscheinung auf dem Berg Tabor (zu Nr. 3).

Ansprache

1. Schauen wir auf das *Kettenkarussell.* Toll, wenn wir um die Mitte fliegen. Aber die Kette, die von der Mitte gehalten wird, darf nicht zerreißen, sonst werden wir lebensgefährlich verletzt. Das heißt im übertragenen Sinne: Jesus Christus, unsere Mitte, hält uns bei der manchmal atemberaubenden Fliegerei im Leben. – Wie schön, wenn alle Sitze belegt sind und wir die auf den anderen Sitzen kennen und ihnen zuwinken können.

2. Die *Schiffschaukel* spiegelt unser Leben, denn es gibt da ja auch oft ein Auf und Ab. Wer nach unten saust, darf wissen, dass er von Gott auch in der Tiefe gehalten wird und dass es auch wieder einmal nach oben geht. Wie hoch einer schaukelt, hängt auch von unserem Einsatz ab; doch je wilder es nach oben geht, umso mehr wächst auch das Risiko herauszufliegen. Manchmal sind wir auch froh, wieder festen Boden unter die Füße zu bekommen.
3. Das *Riesenrad* schenkt vielen himmlische Gefühle. Ganz oben sehen wir, wie winzig klein Menschen und Autos werden, und erfahren, wie der Lärm verebbt und die Sorgen entfernter erscheinen. Wir bekommen Wesentliches in den erweiterten Blick, was wir unten nicht sehen. Deshalb stieg Jesus auch ab und zu auf einen Berg, um in Stille Ausschau zu halten, was sein Vater von ihm will. Darum gehen wir in die Kirche, um über das Auf und Ab unseres Lebens nachzudenken. Und unser Vertrauen auf Jesus zu stärken. Und danach stürzen wir uns in den Trubel des Pfarrfestes. Dabei wünsche ich uns schöne Begegnungen.

TEILWEISE NACH ROLAND BREITENBACH

36. Im Kreuz ist Heil

Anschauen

Das große Kreuz über dem Altar.

Hinführung

Immer, wenn wir die Kirche betreten, dürfen wir nach vorne auf die Mitte unseres Glaubens schauen: Da hat sich Jesus in der Haltung des barmherzigen Vaters mit ausgebreiteten Armen ans Kreuz festnageln lassen und ruft uns zu: »Du kannst dich von mir umarmen lassen, egal, wer und wie du bist!« Das ist Gottes Angebot in jedem Gottesdienst, soll aber heute, an unserem Pfarrfest, besonders im Mittelpunkt stehen.

Evangelium

Lk 10,25–28: Hauptgebot = Gott und den Nächsten lieben, oder
Joh 3,13–17: Die Welt ist durch Jesus Christus gerettet.

Ansprache

Wir schauen auf das große Kreuz über dem Altar, das hier bei jedem Gottesdienst im Mittelpunkt steht, und betrachten es: Wir können die Querbalken und die ganze Erde verlängern, kommen aber – symbolisch gesprochen – nicht in den Himmel. Dazu verhilft uns nur der Längsbalken, der – wie eine verlängerte Treppe – uns zu Gott aufsteigen lässt. Das ist zunächst das Wichtigste, wenn wir nach vorne schauen: Das Vertrauen auf Gott, der uns in seinem Sohn gezeigt hat, dass er uns hält.

Der Querbalken ist aber auch entscheidend: Er will uns sagen: Rühr deine Hände, schau nach rechts und links, da gibt es genug, denen du unter die Arme greifen musst. Deshalb kommt zum Blick nach oben, zum Vertrauen auf Gott, der Blick zur Seite, die Nächstenliebe.

So haben Mönche im Mittelalter schon bewusst gelebt: Bete, d.h. vertraue auf Gott, und arbeite! Ora et labora! So sollte über jedem Dorf und über jeder Stadt ein Transparent mit der Aufschrift hängen: Willst du glücklich werden, willst du dein inneres Gleichgewicht finden, dann bete und arbeite. Und beachte diese Reihenfolge.

In einem frechen Lied heißt es: »Schau beim Loben nicht immer nach oben, sieh mal zur Seite, dann siehst du die Pleite!« Will sagen: Pack mit an. Es gibt Begebenheiten, da ist zuerst die Nächstenliebe, sind zuerst die zupackenden Hände gefragt und nicht die betenden. Wie im Gleichnis vom barmherzigen Samariter, dessen Hilfe Vorrang hat vor dem Tempeldienst des Priesters und seines Küsters.

Umgekehrt wird berichtet: Der erste Kardinal von Vietnam (Trinh Nhu Khue) bekam von den Kommunisten keine Erlaubnis, in die einzelnen Pfarreien zu gehen, um den Menschen Mut zu machen. Deshalb stieg er zwanzig Jahre lang auf eine Dachterrasse und betete dort für all seine »Schäfchen«. Wie überrascht und bewegt war sein Nachfolger (Nguyen von Thuan), als er nach zehn Jahren Gefängnis auch in die-

sem Haus wohnen durfte und dort auf der Terrasse eine ovale Spur sah: Die Abdrücke der Fußspuren des alten Seelsorgers. Das haben wir doch auch schon erfahren, wenn der Partner, ein Kind oder Enkel die Vorhänge vor die Seele gezogen haben, durch die kein gutes Wort mehr eindringt: dass nur noch die Macht des Gebets etwas bewirken kann.
Dann brauchen wir bei der Gottes- wie bei der Nächsten- und auch bei der Selbstliebe immer *(L. legt seine Hand auf das Herz)* das Herz, das entscheiden muss, welcher Balanceakt in der Liebe angesagt ist.
(Je nach Situation auswählen:) Möge das Pfarrfest uns helfen, die Akzente im Leben richtiger zu setzen: Auch heute kommt es in unseren Begegnungen *auf die Liebe* an!
Oder: Es kommt in unseren Begegnungen immer auf die Liebe an.

37. Der Engel in dir!

Vorbereitung

Ein größerer Kopf mit langem Leib (= Mensch) und ein halbiertes Herz, dessen beiden Teile später hinter dem Menschen als »Flügel« angeheftet werden.

Hinführung

Heute feiern wir die Engel. Nicht nur wie am 29. September die großen Erzengel wie Michael, den Patron der Deutschen, oder Gabriel oder Raphael. Nein, wir denken auch an unseren Glauben, dass jeder einen Schutzengel hat. Und wir denken daran, dass wir viele Engel für unsere verwundete Welt brauchen: Engel sind für uns ja auch die Menschen, die Licht und Freude weitergeben. Wo sie auftauchen, wird alles heller und klarer; kommen Menschen, die am Boden sind, wieder auf die Beine, und sie halten auch sonst die Welt im Lot.

Lesung aus dem Buch Exodus

Einleitung. Höre auf die Stimme des Engels in dir, und tu, was er dir sagt. *(Stille)*

So spricht Gott, der Herr: Ich werde einen *Engel* schicken, der dir vorausgeht. Er soll dich auf dem Weg schützen und dich an den Ort bringen, den ich bestimmt habe. Achte auf ihn, und hör auf seine Stimme: Widersetze dich ihm nicht! Er würde es nicht ertragen, wenn ihr euch auflehnt; denn in ihm ist mein Name gegenwärtig. Wenn du auf seine Stimme hörst und alles tust, was ich sage, dann werde ich der Feind deiner Feinde sein und alle in die Enge treiben, die dich bedrängen. Mein Engel wird dir vorausgehen (Ex 23,20–23a).

Evangelium nach Matthäus

18,1–5.10: Kleine Kinder erscheinen uns oft wie Engel.

Ansprache

L.: Hier ein Mensch, stilisiert. *(L. zeigt den »Körper«)* Er soll Flügel bekommen.
Wir hören zunächst zwei Geschichten von Engeln ohne Flügel:

1. Spr.: In dieser Nacht riss einer das Fenster zur Straße auf und schrie nach oben in die dunkle Lücke zwischen Decke und Dach: »Gott, ich verstehe dich nicht! Du bist doch gut und barmherzig, warum zerdrückst du mich dann ganz und gar?«

Kein Stern fiel vom Himmel; die Zeit hielt den Atem nicht an, der Mond zog weiter, kein Wind erhob sich, aus keiner Wolke trat ein Engel: Nirgendwoher ein Zeichen von Heil. Nicht einmal die Nachtschwester ließ sich blicken. Im Zimmer der Männer warf sich einer mit hechelnden Lungen auf seine Kissen zurück,

Da geschah dieses: Leise schloss einer das offen gebliebene Fenster; ein Zweiter zog dem Verzweifelten die Decke höher, damit er nicht friere; ein Dritter fühlte nach der Flasche mit Schnaps im Versteck: Sie war leer, aber jetzt hätte er selbst den letzten Schluck seinem verzweifelten Nachbarn gegeben. Doch dem half schon, dass sie alle schwiegen. Der Vierte, traurig, lag lange noch wach: Durch acht geschlossene Augenlidpaare drang Glanz wie damals bei den Schäfern auf der Bethlehemflur.

Die Nachtschwester, wenn sie wieder ihren Rundgang machte, würde nichts sehen – dennoch: Der Engel war da.

NACH BERTHOLD LUTZ

L.: Ich darf dem stilisierten Menschen *einen* Flügel schenken. *(L. hält ein halbes Herz hinter die Figur)*

2. Spr.: Der Gehilfe eines Malers als rettender Engel:

Der englische Maler Thornbill hatte den Auftrag erhalten, das Innere der Kuppel in der St. Paul's Kathedrale in London auszumalen.

Nach vielen arbeitsreichen Monaten hatte er einen Abschnitt dieses ehrenvollen Auftrages beendet. Nun schritt er auf dem Gerüst rückwärts, um zu sehen, wie die Bilder aus der Entfernung wirkten. Seine Augen fest auf die Malerei gerichtet, ging er so weit zurück, dass er bis zum Rande des Gerüstes gekommen war, ohne es zu merken. Noch einen halben Schritt weiter und er wäre unweigerlich abgestürzt.

Ein Malergehilfe merkte die schreckliche Gefahr, ergriff einen Pinsel und zog über das nahezu vollendete Gemälde einen breiten Strich. Der Maler, außer sich vor Zorn, sprang vorwärts, um den vermeintlichen Frevler zurückzureißen.

Sein Zorn wandelte sich aber in Dank, als der Gehilfe sagte: »Herr, dadurch, dass ich die Malerei verdarb, habe ich Euer Leben gerettet. Hätte ich gerufen, so hättet Ihr Euch vermutlich umgewandt und wäret abgestürzt.«

GENAUE QUELLE UNBEKANNT

L.: Jetzt darf ich meinem Menschen hier einen weiteren Flügel schenken *(L. heftet wieder ein halbes Herz an, sodass jetzt zwei Flügel zu sehen sind, und dreht das Ganze um)* Seht ihr, was Engel sind?: Menschen mit Herz!

Ich darf ganz viele aufzählen: Mutter Teresa, der Engel von Kalkutta; Abbé Franz Stock: der »Erzengel« in der Hölle der Nazizeit und der Besetzung Frankreichs; Elsa Brandström, der Engel von Sibirien; Florence Nightingale, der zornige Engel. Aber ich muss gar nicht so hoch greifen: Sind die vielen Fluthelfer nicht Engel? Oder die Taucher, die 12 Jungen und ihren Trainer aus einer überfluteten Höhle retteten? Oder: Wer stundenlang am Straßenrand steht: Sind die »gelben Engel« vom ADAC nicht ein himmlisches Geschenk? Oder wie eine Versicherung behauptet: Engel immer nah – immer da. Die Umweltengel; die Grünen Damen und Herren in den Krankenhäusern. Oder die Jungen und Mädchen, die bei der 72-Stunden-Aktion des BDKJ den Titel gewählt hatten: »Uns schickt der Himmel.« *(aktuelle Beispiele einfügen)* Alles Engel!

Ich könnte noch Weiteres aufzählen, aber entscheidend ist: *(L. hebt wieder seine Figur, zeigt sie von beiden Seiten)* Gesucht sind Menschen mit Herz!

(L. lehnt den »Engel« mit Flügel an die Blumen auf dem Altar)

Meditation

»Es müssen nicht Männer mit Flügeln sein, die Engel.« (Rudolf Otto Wiemer, s. Internet)

MESSKREIS ERFTSTADT-BLIESHEIM

Erntedank / Maria – Oktober

38. Unser Herz durch Undank so unzufrieden?

Hinführung

Die Seniorinnen und Senioren sind in Sachen Urlaub und Freizeit für unsere Konsumindustrie ein wichtiger Faktor geworden. Sie fliegen durch die ganze Welt, solange es die Gesundheit noch erlaubt. Da kann es sein, dass sie auch schwierige Namen kennen wie Chichicastenango, die Stadt in Guatemala, oder Popocatépetl, den Vulkan in Mexiko. Aber ob viele noch das Wort »Danke« kennen? Ein von Herzen kommendes »Danke«?

Im heutigen Evangelium steht: Nur jeder Zehnte bekam das damals hin. Sind es heute mehr?

Lesungen

Offb 11,15–17: Wir danken dir, Herr;

Lk 17,11–19: Nur der Fremde dankte.

Ansprache

Untersuchungen zeigen: Ein dankbarer Mensch ist zufriedener, ausgeglichener und gesünder. Wer dankbar ist, kann ja alles in einem anderen Licht betrachten. Und das Leben kann einen neuen Geschmack bekommen.

Das hat uns vor 80 Jahren schon Dietrich Bonhoeffer gesagt (der uns die wichtigen Verse schenkte: »Von guten Mächten wunderbar geborgen«).

Er schrieb: »Undankbarkeit beginnt mit dem Vergessen (wie dreckig es uns einmal ging!). Aus dem Vergessen folgt Gleichgültigkeit, aus der Gleichgültigkeit folgt Unzufriedenheit, aus der Unzufriedenheit Verzweiflung, aus der Verzweiflung der Fluch.« (Mit »Fluch« meint Bonhoeffer wohl, dass manche Verzweifelten sich das Leben nehmen – es muss uns doch sehr nachdenklich machen, dass sich bei uns zehnmal mehr Menschen das Leben nehmen als in bitterarmen Ländern.) Und

Bonhoeffer fährt fort: »Lass dich fragen, ob dein Herz durch Undank so mürrisch, so träge, so verzagt geworden ist?« Sind wir zufriedene Menschen?
In einer Jugendmesse war folgende Szene zu sehen: Sanitäter schleppten im Laufschritt eine Trage herein. Unter einem weißen Tuch wölbte sich etwas Rundes. Ein Arzt im weißen Kittel rannte mit seinem Stethoskop hinterher. Das schien ja ein schwerer Fall zu sein. Vorne zieht der Arzt dann das weiße Tuch zur Seite: Eine Erdkugel als leuchtender Globus kommt zum Vorschein. Der Arzt horcht hinein: »Was ist los?« »Schwerer Fall. Ich weiß nicht, ob wir den Patienten durchkriegen!« »Was hat er denn?« »Ja, schauen Sie: Er steht kurz vor der Vergiftung, ganze Flächen sind schon versteppt. Aber die größte Gefahr, unter der er leidet, ist – die Undankbarkeit.« »Gibt es denn kein Rezept dagegen?« »Da helfen keine Tabletten oder Salben, keine Operationen oder Bestrahlungen. Alles zu schwach! Dabei gäbe es ein einfaches Rezept – jetzt halten sie den Atem an – 10 x täglich … ehrlich danken!«
Lachen wir über den Tipp? Zu weltfremd? Können wir uns noch ein Danke-Wort in den Mündern der »I-first-Generation« (Ich-Zuerst-Generation) vorstellen? Ehrlich danken: Unsere Umwelt würde aufatmen. Wir gingen mit der Natur ganz anders um und würden dabei innerlich selbst gesunden.
Darum sagt Jesus auch zum Fremden, der umkehrt und dankt: Jetzt bist du auch *innerlich* gesund.
Und die Weltkugel bekommt eine neue Chance!

Fürbitten

L.: Wir rufen zu Gott, der aus aller Not retten kann:
- Für alle in Staat und Kirche, dass sie dankbar sind für das, was sie haben.
- Für die christlichen Gemeinschaften, dass sie sich immer wieder versammeln, um gemeinsam Gott zu danken und zu loben.
- Für alle Kranken und Einsamen mit ihren Schmerzen und Beschwerden: Tröste sie in ihrem Leiden.

- Für uns alle, dass wir uns immer wieder dankbar daran erinnern, wem wir unser Leben verdanken.

L.: Dir, Gott, sei Lob und Ehre, weil du mit uns gehst in Zeit und Ewigkeit – durch Christus, unseren Herrn.

39. Danke sagen für alles im Leben Geschenkte

Vorbereitung

Ein Korb, ein Brot, eine Weintraube, eine Rose, ein Tütchen Salz, ein Glas Honig, eine Zitrone, eine Nuss, eine Zwiebel, ein Überraschungs-Ei, eine Kerze.

Hinweis

Die Texte zu den jeweiligen Gaben können von verschiedenen Personen gesprochen werden.

Hinführung

Der Erntedank soll Anlass sein, über den Erntekorb unseres Lebens nachzudenken:

Evangelium

Lk 17,11–19: Nur einer bedankte sich!

Ansprache

Dieser Korb hier *(L. zeigt ihn)* soll jetzt die Hände Gottes darstellen, in die wir die Erntegaben unseres Lebens legen, denn wir bekommen letztlich alles geschenkt:

1. Ich bringe ein *Brot*. Wir haben nach dem Krieg schlechte Zeiten erlebt, brauchten aber nicht zu verhungern. Wir danken Gott, der genügend Getreide wachsen ließ. Danke für unsere Arbeitskraft und danke für alle, die wir mit deinen Gaben am reichlich gedeckten Tisch nähren und großziehen konnten.

2. Diese *Weintraube* möchte ich in den Erntekorb unseres Lebens legen. So, wie viele Weintrauben sich in den Wein geben, so durften wir in Gemeinschaften das Miteinander und den Frieden erleben. Wir danken Jesus, der uns im Wein der Messe sagen will: Ihr dürft einmal zum himmlischen Fest auferstehen.
3. Diese *Rose* möchte ich über Brot und Wein legen. Denn wenn am Tisch keine Liebe spürbar war, schmeckte alles wie Sand zwischen den Zähnen. Danke auch für das erlösende Wort »Bitte, verzeih mir!« Das ließ einen neuen Anfang zu.
4. Ich lege ein Tütchen *Salz* dazu. Die Suppe unserer Gesellschaft braucht unsere Mitarbeit, damit sie Geschmack bekam und bekommt.
5. Danke für dieses Glas *Honig:* Freundliche Worte des Lobes und der Anerkennung beflügeln unser Leben.
6. Diese *Zitrone* erinnert an das Saure in unserem Leben. Saures kann dem Leben auch Pfiff geben, ist ein Heilmittel gegen die Langeweile. Immer nur Süßes ist ungesund.
7. Diese *Nuss* soll uns zeigen, dass wir im Leben auch Nüsse zu knacken haben. Die größte Nuss, die Gott uns zu knacken gibt, ist der Tod. Doch diese Nuss hat uns Jesus aufgeknackt, indem er aus dem Tod auferstand. Wir dürfen also froh nach vorne schauen.
8. Eine *Zwiebel* mit ihren sieben Häuten treibt uns Tränen in die Augen. Die hatten wir manchmal auch beim Lösen schwieriger Probleme. Aber Tränen waschen den Staub von der Seele.
9. Was ist noch in diesem *Überraschungsei?* Einige Überraschungen hielt das Leben ja schon für uns bereit. Wir vertrauen Gott, dass sie auch in Zukunft unsere Kräfte nicht übersteigen.
10. Die *Kerze* darf ich noch in den Korb stellen und entzünden (Vorsicht: Feuergefahr!). Wie der Fremde im Evangelium möchten wir Gott die Ehre geben. Denn er hat immer das Licht seiner unsichtbaren Gegenwart um uns leuchten lassen; auch dann, wenn wir es nicht bemerkt haben. Danke also beim Blick auf den Erntekorb nach oben – und zur Seite für all die Menschen, die es gut mit uns meinen.

40. Maria, die Muschel mit der Perle

Vorbereitung

Eine Muschel mit eingeklebter Perle; eventuell für jede/n.

Hinführung

(L. zeigt die Muschel samt Perle:) Sieht sie nicht wunderschön aus? Wir stehen im Rosenkranzmonat: Woran könnte uns die Muschel und die Perle erinnern?

Evangelium

Lk 1,46–55: Das Magnificat.

Ansprache

Schon ein Kirchenvater aus dem 3. Jahrhundert (Klemens von Alexandria, † 215) schreibt: »Christus ist eine wunderbare Perle, den die Jungfrau Maria aus dem göttlichen Blitz geboren hat.«

Wir kennen den Vorgang der Entstehung einer Perle: Ein spitzes Sandkorn, das durch die Lippen einer Muschel ins Innere gelangt, kann zur tödlichen Herausforderung werden. Aus Notwehr legt die Muschel um dieses scharfe, schmerzende Etwas den kostbaren Perlmuttstoff, der im langen Prozess von ca. zehn Jahren zur Perle heranreift.

Ähnlich stand das junge Mädchen Maria vor großen Herausforderungen: »Ja« sagen, wo sie keinen Mann erkennt? Später abgeschoben in einen Stall, die Flucht nach Ägypten, die seltsamen Äußerungen ihres Sohnes, der Tod der großen Hoffnung! Nur im Vertrauen auf einen guten Gott reifte sie heran und leitete unsere Erlösung ein.

Wer also im Prozess eines Reifens steht, findet bei Maria volles Verständnis – es gibt keine Liebe ohne Leid. Dabei können die Perlen des Rosenkranzes helfen, die um das Leben Jesu kreisen. Sie machen uns Mut, in seine Fußstapfen zu treten. Erst an den Toren der himmlischen Stadt Jerusalem endet unser Pilgerweg. Und diese Tore sind aus wunderschönen Perlen geformt. (Offb 21,21)!

Sterben / Ausschau halten / Christkönig – November

41. Ihr seid meine Hände

Vorbereitung

Ein Kruzifix ohne Arme und Beine (oder ein Bild davon).

Hinführung

Einmal kam ein Mann zu mir, zeigte mir dieses Kruzifix, dem Arme und Beine fehlen, und sagte: Das habe ich im Müll gefunden. Ich konnte es nicht so liegenlassen. – Ich erinnerte mich an eine Kirche in Essen, die im Krieg völlig zerstört wurde. Aus den Trümmern holte man auch so ein Kreuz, hängte den Korpus wieder auf und schrieb darunter: Jetzt seid ihr meine Hände und Füße!

Lesungen

Tob 4,5–11: Gib reichlich von dem, was du besitzt;

Mt 5,31–46: Was ihr meinem Geringsten getan habt, das habt ihr mir getan.

Ansprache

(L. zeigt wieder das zerstörte Kruzifix:) So armselig erscheint manchmal unser Christus-König. Und wenn wir jetzt seine Arme und Beine sind, die den geringsten Menschen gerecht werden sollen, dann können wir oft durch Unterlassung sündigen.

Mutter Teresa († 1997) dürfen wir nicht vergessen: Menschen unter 30 Jahre haben sie nicht mehr kennengelernt. Sie hat sich in einem überreichen Maß verzehrt für die Not derer, die als Säugling in den Müll geworfen oder als Sterbende auf den Straßenrändern lagen. Noch heute ist in all ihren Einrichtungen das Kreuz zu sehen. Und unter dem Herzarm Jesu steht in Englisch: »Mich dürstet!« Mich dürstet, euch zu umarmen, die ihr in unserer ungerechten Welt abgeschrieben seid. Und dazu braucht er auch uns.

Den Kindern habe ich immer ihre Fünffingerregel beigebracht: Immer, wenn einer ihrer Schwestern müde und angewidert nach all der Armut und dem Gestank ins Kloster kam, ging Mutter Teresa hin, nahm ihre Hände, ging von Finger zu Finger und sagte dabei: Vergiss nicht, »das hast du mir getan«, spricht Jesus. Malen wir die Regel mal zum Einprägen über unsere fünf Finger: Das / hast / du / mir / getan!

Wir nähern uns der Adventszeit, in der auch gerne Geschichten vorgelesen werden. Eine bekannte Geschichte in vielen Varianten handelt davon, dass Gott sein Kommen für den nächsten Tag ankündigt. Aber es kommen immer nur Notleidende, die anklopfen und dann den enttäuscht zurücklassen, der voller Erwartung nach dem Herrn Ausschau hielt. Bis er am Ende des Tages dann hört: Ich war doch da! Du hast mir deine Tür geöffnet. Das war ich, im weinenden Kind, im Bettler, in der verzweifelten Mutter … »Das hast du mir getan« ist die Zusammenfassung des heutigen Evangeliums. (vgl. in diesem Buch unter Kurzgeschichten Nr. 85)

Unter all den Adventsgeschichten gibt es auch die Legende vom vierten König, der den Treffpunkt mit den drei Weisen aus dem Morgenland verpasst hat und sich jetzt alleine auf die Suche macht. Schnell hat er seine Geschenke an Notleidende verteilt. Er geht viele Jahre für einen Galeerensträfling an die Ruder, um ihn auszulösen … Jedenfalls kommt er erst mit leeren Händen in Jerusalem an, als Jesus sterbend am Kreuz hängt. Er will sich von ganzem Herzen entschuldigen. Aber da glaubt er die Stimme vom Kreuz zu hören: Das alles hast du *mir* getan!

Wenn wir von Herzen geben – ob an der Tür, ob in Form eines Geldbetrags oder indem wir bei der »Tafel« oder im Hospiz mithelfen –, dann dürfen wir seine Stimme vernehmen: *(L. geht noch einmal von Finger zu Finger:)* »Das hast du mir getan«!

Meditation

1. Herr, du brauchst unsere Hände,
die halten und stützen und schenken. –
Du brauchst unsere Ohren,
die noch hören, was im Lärm unserer Zeit
so leicht übertönt wird.
Du brauchst uns.

2. Herr, du brauchst unsere Augen,
die staunen und leuchten können,
wenn andere uns begegnen. –
Du brauchst unsere Füße,
die auch dorthin gehen,
wo der Weg steinig wird.

1. Du brauchst uns, Herr,
du brauchst unser Lied,
damit andere einstimmen und die Blicke sich heben. –
Du brauchst unser Herz,
das bei der Sache ist und etwas wagt,
wo andere sich abwenden.
Du brauchst uns.

2. Aber dafür brauchen wir deinen Wind,
der uns den Rücken stärkt. –
Und deine allgegenwärtige Hand,
die sich segnend über uns breitet.
Wir brauchen dich –
und du brauchst uns.

42. Wider das Vergessen

Vorbereitung

Ein Pflasterstein.

Hinführung

Auf einem Grabstein in Papenburg steht: »Jetzt, da ich Zeit habe, kommt keiner!« Stimmt das: Aus den Augen – aus dem Sinn?

Lesungen

Jes 49,14–16: Ich vergesse dich nicht, spricht Gott, ich habe dich eingezeichnet in meine Hände;
Mt 10,28–30: Bei Gott sind sogar alle Haare auf dem Kopf gezählt!

Ansprache

Ein Künstler aus Köln (Günter Demnig) verwendet solch einen Pflasterstein *(L. zeigt ihn)* und setzt oben eine Messingplatte mit Informationen über einen Menschen darauf, der zuletzt dort wohnte, aber barbarisch von den Nazis umgebracht wurde.
Dann werden diese Steine als »Stolpersteine« in den Bürgersteig eingelassen, nicht um noch mit den Füßen auf den Ermordeten zu treten, sondern innerlich zu stolpern über das Unrecht, das damals geschah und das wir niemals vergessen dürfen, damit es sich nicht wiederholt. 48000 dieser Steine liegen schon, aber es müssten eigentlich sechs Millionen sein. Es gibt auch Menschen, die fordern, dass die Soldatenfriedhöfe so langsam eingeebnet werden; es gibt übrigens 832 davon aus dem Ersten und Zweiten Weltkrieg. Aber es gibt auch andere Stimmen, ein Beispiel: Ein Fünfundzwanzigjähriger, der mit weiteren Kameraden solch einen Friedhof bei Sedan bearbeitete, schrieb: »Mit Wasser und Wurzelbürste schrubbten wir das Moos von den Grabsteinen. Wir errechneten das Alter der Verstorbenen: die waren meist jünger als wir. Dieser Einsatz hinterließ bei mir mehr Spuren, als wenn ich mir einen Antikriegsfilm angesehen hätte. In Friedenszeiten lehrt uns nichts so deutlich wie ein Soldatenfriedhof: *Nie wieder Krieg!*«

Und dann gibt es heutzutage viele Menschen, die sogar Gott vergessen. Bei Umfragen sagen manche: »Ich glaube nix, und mir fehlt nix!« Also vergessen sie langsam, dass sie Gott vergessen haben. Gott ist, *Gott sei Dank,* großzügiger: Er sagt beim Propheten Jesaja: »Ich vergesse dich nicht! Ich habe dich eingezeichnet in meine Hände!« Und bevor unser Missionsland Gott noch mehr vergisst, hören wir noch den Ausspruch des Propheten Amos: »Seht, es kommen Tage – Spruch des Herrn –, da schicke ich Hunger ins Land; nicht den nach Brot, nicht Durst nach Wasser, nein, ich schicke euch Hunger nach einem Wort des Herrn« (Amos 8,11).
Ich lege diesen Stolperstein auf den Altar: *Wider alles Vergessen!*

Fürbitten

L.: Wir rufen zum barmherzigen Gott:

- Lass den Glauben an Gott und seine Kirche bei uns nicht verlorengehen, denn was kommt, wenn alles Christliche verdunstet ist? – *Liedruf*
- Stelle alle, die für uns in den Kriegen gestorben sind und heute noch in den Bundeswehr-Einsätzen den Kopf hinhalten, unter deinen barmherzigen Schutz. – *Liedruf*
- Lass das Unrecht, das in unserem Land und überall auf der Welt an wehrlosen Opfern begangen wird, Menschen mit Gewissen aufrütteln. – *Liedruf*
- Hilf unserem Nachwuchs, für Freiheit und Würde der Menschen auf die Straße zu gehen. – *Liedruf*

L.: Denn du liebst deine Schöpfung und möchtest schon jetzt, dass wir in Gerechtigkeit und Liebe miteinander leben – durch Christus, unseren Herrn.

43. Wir dürfen von einer schönen Zukunft träumen

Vorbereitung

Ein Kaleidoskop.

Hinführung

(L. schaut durch das Kaleidoskop:) Wunderschöne Mosaiken, harmonisch, ein Traum von Schönheit. *(L. setzt es ab:)* Aber wenn ich dieses Kaleidoskop aufschneide, kämen bunte Glasteilchen zum Vorschein, Metallstückchen, Spiegelscherben. Dürfen wir trotz aller Bruchstücke in unserem Leben auf eine schöne Zukunft hoffen?

Evangelium

Mt 17,1–9: Über den Horizont unserer Welt hinausschauen, oder
Mt 5,1–12: Wie durch ein Kaleidoskop auf das schauen, was kommt, was Jesus uns versprochen hat.

Ansprache

Im trüben November stehen wir oft an Gräbern: Allerseelen, Volkstrauertag, Totensonntag. Das Ende des Kirchenjahres kennt finstere Vorhersagen in den Lesungen. Das passt zu Menschen, die im Alter dazu neigen, eine schwarze Zukunft zu prophezeien. Aber bei Lukas steht es sinngemäß so (Lk 21,26–28): Erhebt euer Haupt, wenn die Menschen vor Angst vergehen und die Kräfte des Himmels erschüttert werden. Denn eure Erlösung naht. Gemeint ist: In all den Bruchstücken des Lebens greift zum Kaleidoskop *(L. schaut hinein),* schaut über den Horizont dieser Welt – wie die Jünger auf dem Berge Tabor – oder schaut durch das Schlüsselloch: Auf die kommende Welt, die Jesus in den Seligpreisungen aufzeigte. Freuen dürfen sich alle, die mit leeren Händen dastehen, die trauern; die hungern und dürsten nach Gerechtigkeit; die bis aufs Blut um meines Namens willen verfolgt werden: Sie alle werden die Herrlichkeit Gottes erleben. Im Lichte Jesu besehen (Joh 8,12) wird alles einmal zur Sternstunde.

Eigentlich ist das in der Bibel an vielen Stellen vorgezeichnet: Jakob, der um sein Leben fürchtet und auf der Flucht vor seinem wütenden Bruder ist, darf die Himmelsleiter sehen mit der Botschaft: »Keine Angst, ich bin mit dir!« (Gen 28,12–15). Der alttestamentliche Josef, der von seinen Brüdern in eine Zisterne geworfen wird und später verleumdet im Gefängnis landet (Gen 37 u. 39), wird zum Herrn über Ägypten (Gen 41,45); der Prophet Jesaja sieht das Reis aus dem Baumstumpf des Volkes Israel wachsen, das der Welt den großen Frieden schenkt (Jes 11,1.6–8). Auch im Neuen Testament das Chaos, wenn die Emmausjünger an allem zweifeln, weil ihr Herr und Meister tot ist – und doch ins Halleluja finden.

Das macht doch Mut, dass wir trotz all der Scherben, die wir im Leben angerichtet haben, auch die Häupter heben dürfen: Alles endet gut und Jesus ist unser Garant dafür.

(L. schaut wieder durch das Kaleidoskop:) Wir dürfen träumen von den Sternstunden, die kommen – weil Jesus unser Herr ist.

(L. legt das Kaleidoskop auf den Altar)

II. Gottesdienste zu verschiedenen Themen

Gott vertrauen

44. Der Schatz des Glaubens in zerbrechlichem Gefäß

Vorbereitung

Ein Gefäß aus Holz oder Ton mit sichtbar großen Löchern.

Hinführung

Wenn wir unser Leben bedenken, spüren wir, dass wir manchmal hinter unseren Möglichkeiten geblieben sind. Aber mit Blick auf Jesus brauchen wir deswegen nicht zu hart mit uns ins Gericht zu gehen.

Lesungen

2 Kor 4,5–7.14.16.17: Der Schatz des Glaubens in zerbrechlichem Gefäß;
Lk 7, 36–50: Jesus und die Sünderin.

Ansprache

Dieses Gefäß hier ist löchrig, es kann zum Beispiel Flüssigkeit nur bedingt halten. – Für viele spiegelt es das Leben: Wir haben Kostbares geschenkt bekommen wie ein gutes Zuhause oder den Glauben, aber durch die Hürden des Lebens ist vieles verschüttet worden.
Dazu eine eindrucksvolle Geschichte:
Ein Wasserträger in Indien holte jeden Tag in zwei großen Töpfen Wasser aus dem Fluss. Ein Topf aber hatte einen Sprung, sodass die Hälfte des Wassers auf dem Rückweg verlorenging. Dafür entschuldigte sich der Topf beim Wasserträger; der aber entgegnete nur: »Beobachte auf dem Rückweg die schönen Blumen am Wegesrand!«
Der Anblick der Blumen munterte den Topf zwar ein wenig auf, aber er fühlte sich wieder wie ein Versager, weil er erneut Wasser verloren hatte. Da lachte der Träger: »Verstehst du nicht? Ich säte Blumen

auf deiner Wegseite, die du bewässert hast. So kann ich mit ihnen immer den Tisch meines Hauses schmücken!« (nach Shelly Mc. Guire, vgl. Nr. 111)
Auch Jesus sah in der Begegnung mit der Sünderin all die Liebe, die sie trotz ihrer Lebenslage verschenkt hatte. Wenn wir wieder einmal enttäuscht sind, weil wir so wenig weiterschenken, dann dürfen wir doch unsere rissige Seele in die Barmherzigkeit Gottes tauchen und ihn immer wieder bitten, unseren Lebenskrug erneut zu füllen.

Zum Thema »Glauben« siehe auch die Nummern 27, 36, 47.

45. Gottes Licht weiterstrahlen

Vorbereitung
Jeder erhält ein Stück eines zerschlagenen Spiegels etwa in der Größe eines Zweieurostückes.

Hinführung
Wenn wir ehrlich sind, ist von unserem einstigen schönen Lebensspiegel, den wir darstellten, nur wenig übriggeblieben. Aber darüber brauchen wir nicht traurig zu sein, wie uns folgende Geschichte erzählt:

Kurzgeschichte
Auf die Frage: »Was ist der Sinn des Lebens?«, holte einmal ein Mann eine kleine Spiegelscherbe aus seiner Brieftasche und sagte: »Als Kind fand ich einmal auf der Straße Scherben eines Spiegels. Mit diesem größeren Stück hier spielte ich oft. Es faszinierte mich, damit Licht auf dunkle Stellen zu lenken, die das Sonnenlicht niemals erreicht. Später erst verstand ich, dass dieses Spiel ein Gleichnis für mein Leben ist: Ich bin Bruchstück eines Spiegels, den ich in seiner ganzen Größe nicht kenne. Mit dem, was ich habe, kann ich Licht werfen auf die dunklen Stellen im Herzen der Menschen. Mit Wahrheit, Verständnis, Wissen, Vertrauen … kann ich manches ändern.« (nach Robert Fulghum)

Weiterführung

Jeder von uns ist also ein Bruchstück aus dem Spiegel der Menschheit. Egal wie groß oder wie klein ich mich einschätze oder von anderen eingeschätzt werde: Ich muss zunächst »ja« zu mir selber sagen, so wie ich bin. Die anderen brauchen mich und ich brauche die anderen, um wirklich Mensch zu sein; wir ergänzen uns. Das erfahren wir auch im Umgang mit Außenseitern oder Ausländern. Meine Spiegelscherbe ist groß genug, das Licht »aus der Höhe« aufzufangen und widerzuspiegeln, sogar dahin, wo das Licht der Sonne nicht hingelangt und ich vielleicht der Einzige bin, der hier ein wenig helfen kann.

Lesungen

Ps 27,1–5: Der Herr ist mein Licht und mein Heil.
Joh 12, 35–36: Werdet Töchter und Söhne des Lichts.

Weiterführung

Zu Hause/später können Sie noch einmal das Kinderspiel mit der Spiegelscherbe versuchen: Das Sonnenlicht einfangen und irgendwo hinspiegeln. Ein symbolisches Tun!

46. Flagge zeigen

Hinführung

(L. schwingt eine kleine Fahne des Lieblingsvereins)
Wer so die Fahne seines Lieblingsvereins schwenkt, zeigt, wofür sein Herz schlägt. Im schlimmsten Fall ist er heutzutage auch bereit, sich dafür eine blutige Nase zu holen. Wenn auf dieser Fahne ein kirchliches Logo wäre, würden unsere Jugendlichen, unsere Firmanden und deren Eltern sich noch in der Öffentlichkeit zeigen wie damals beim Weltjugendtag in Köln?
Ist die Begeisterung nur noch in Sportarenen zu finden?

Lesungen

Apg 4,13–22: Wie die ersten Jünger Mut vor dem Hohen Rat zeigten;
Mt 10,26–33: Bekennt mich vor den Menschen!

Ansprache

(L. schwenkt wieder die Fahne)

1. Der Auferstandene, der österliche Sieger, ist mit einer Fahne zu sehen. Und in den gebackenen Osterlämmern stecken kleine Fähnchen. Will sagen: Jesus möchte seine Fans um sich sammeln – wie im Mittelalter auf dem Schlachtfeld ein Blick genügte, um den Fahnenträger auszumachen, um den die Treuesten kämpften. Flüchtet euch zu Jesus! *(L. schwenkt wieder die Fahne)*
2. Hier sind die Treuesten um Jesus versammelt. Die Nazis waren hinter den Fahnen der katholischen Vereine her, die sie aber vor den braunen Machthabern versteckten. Und als das Unrechtsregime besiegt war, wurden die Fahnen wieder stolz hervorgeholt und durch die Straßen getragen. Ist diese Glaubensfreude verdunstet? *(L. schwenkt wieder die Fahne)*

   Es gibt sie noch, die Fahnenfans – in den Sportvereinen. Da lassen welche sogar den Sarg oder die Urne mit der Fan-Fahne einhüllen; da schlafen Kinder, eingerollt in der Vereinsfahne. Unsichtbar wehen diese Fahnen der Begeisterung, wenn sich in Afrika oder Ägypten oder anderswo genauso zahlreich sonntags wieder die Christen versammeln, obwohl sie damit rechnen müssen, dass fanatisierte Islamisten ihre Maschinenpistolen auf sie richten. – Unsichtbar schwenkte auch Martin Luther King die Christusfahne, wenn er dafür eintrat, nicht nach der Hautfarbe Menschen zu beurteilen. – Oder wenn Bischof Gaillot sich auf die Seite der Ausgegrenzten stellte. – Oder die 17-jährige Cassie, die während eines Schulmassakers 1999 in Denver dem Mörder aus ihrem Versteck entgegentrat und rief: »Mein Leben kannst du mir nehmen, aber nicht den Glauben an Gott.« – Dann fiel der tödliche Schuss. Sie zeigte Flagge. *(L. schwenkt die Fahne)*

3. Jesus sagt: Fürchtet euch nicht, euch vor den Menschen zu bekennen. Wenn wir für ihn Flagge zeigen, dann liegen wir richtig.

Meditation

1. Zeugen gesucht.
Die sich nicht verschrecken lassen
vom Gelächter der Welt,
die sich nicht untergebuttert fühlen,
weil sie zu einer Minderheit zählen.

2. Unser Mund ist für gute Worte gemacht,
auf die andere sehnsüchtig warten.
Wir können schon im Gehen predigen,
denn unser Gesicht ist für die Freude geschaffen.

1. Dringend gesucht sind Menschen,
die für Christus die Auseinandersetzung riskieren.
Und nicht nur von der Seitenlinie aus zusehen.
Die Zuversicht ausstrahlen und Mut machen.

2. Vertraue darauf, dass der Herr auch dich gerufen hat –
trotz all deiner Schwächen und Zweifel.
Damit du die schönste Botschaft der Welt weitersagst:
Gott liebt die Menschen.
Und dafür riskierte sein Sohn Kopf und Kragen.

47. Der Rettungsring Gottes

Vorbereitung

Ein Rettungsring.

Hinführung

Wer mit dem Boot kentert oder wessen Schiff kentert, der ist froh, wenn er sich an einem Rettungsring über Wasser halten kann.

Lesungen

Kol 3,12–15: Ihr seid von Gott geliebt;
Joh 3,16–17: Wer glaubt, braucht nicht zugrunde zu gehen.

Ansprache

Wem einmal der Boden unter den Füßen schwindet, darf sich an den Rettungsring *(L. zeigt ihn)* Gottes erinnern, der besagt: »Du bist von Gott geliebt!« Dieser Gott will nicht, dass wir untergehen. Das haben schon viele Menschen erfahren, zum Beispiel Charles de Foucauld (1858–1916): Er war im Strom seines jungen Lebens untergegangen: Der Sog der Beliebtheit, die Liebe zu vielen Frauen, die Bequemlichkeit … Er stürzte ab, verlor den Glauben an das Gute und an Gott.

Aber Gott, der uns bedingungslos liebt, führte ihn streng ins Leben zurück: Charles ließ sich auf ein armes, bescheidenes Leben ein, ging als Trappist – ein äußerst strenger Orden – in die unauffällige Nachfolge Jesu Christi und wurde 1916 bei einem nächtlichen Überfall in Südalgerien ermordet. Am Ende seines Lebens konnte er sagen: »Ich war schon dabei, ein Leichnam zu werden, da hat mich die Hand Gottes vor dem Ertrinken bewahrt!«

Und wie geschah es, dass Gott zum Rettungsring wurde? Zuerst ließ Charles sein übergroßes Ich los, dann wurde ihm in stillen Stunden klar: »Gott liebt mich!«, und so warf er sich in diese liebenden Arme Gottes.

(L. zeigt den Ring:) Also letztlich alles loslassen, was wir erwerben können, und nach dem Rettungsring Gottes greifen, der mir sagt: »Du bist

geliebt.« Vom Wichtigsten: von Gott! Von dem du kommst und zu dem du hingehst.

Fürbitten

L.: Wir rufen zu unserem Retter und Herrn und bitten ihn:

- Für alle, die spüren, dass sie keinen Grund mehr unter den Füßen haben.
- Für alle, die sich angenommen und geliebt fühlen.
- Für alle, die mit den Wellen der Armut und Krankheit kämpfen.
- Für uns selbst, die wir im Rettungsring Jesu Christi einen Halt finden möchten, der uns im Meer der Zeit trägt.

L.: Denn dann sind wir gehalten in Zeit und Ewigkeit – durch Christus, unseren Herrn.

48. Auf den Blick kommt es an!

Vorbereitung

Ein halbvolles Glas.

Hinführung

(L. zeigt das Glas:) Schauen Sie mal: Ist das Glas halb leer oder halb voll? Die einen sagen: »Bei all den Katastrophen in der Welt kann es doch keinen Gott geben!« Die anderen sagen: »Weil Gott mich liebt, kann ich alles wagen!« Es kommt also auf den Blick an!

Lesungen

Röm 12,9–21: Der positive Blick übertrifft den anderen in gegenseitiger Achtung;

Lk 19,1–10: Jesus begegnet Zachäus positiv, während die anderen wegen seiner Verfehlungen von ihm ablassen.

Ansprache

(L. zeigt wieder das halbgefüllte Glas:) Wir kennen das: Die einen sagen: »In diesem Haus/Heim kann man nicht warm werden.« Die anderen sagen: »Ich habe hier liebenswürdige Nachbarn gefunden und fühle mich wohl!«

So erzählt eine Geschichte: Ein Zugereister besuchte einen berühmten Garten, hatte aber überall etwas auszusetzen: Die Gartenpforte bräuchte einen neuen Anstrich, die Wege müssten neu eingeebnet, die Blattläuse aus den Rosen gespritzt werden. Ihm erschien der Garten in schlechtem Zustand.

Die verständige Aufsicht, bei der er sich beklagte, gab ihm einen Wärter zur Seite: Der zeigte ihm eine Kletterrose, die das ganze Jahr blühte; den Mandarinenbaum mit den süßesten Früchten in der ganzen Umgebung und den Brunnen mit köstlichem Wasser, der nie versiegt: Die Augen des Besuchers fingen langsam an zu leuchten. Und dann begann er zu staunen: Alles in ein und demselben Garten! (verändert nach Renate Schubert)

So kann auch unser Glaube uns Augen schenken, die das Positive sehen und benennen. Das Glas bleibt dabei halbgefüllt. So spricht Jesus den »Halsabschneider« Zachäus positiv an. Und nur so kann er ihn zur Veränderung bekehren und ihm Mut geben zu einem neuen Anfang. Das Geschenk unserer Augen, wenn wir sie mit Gott füllen, lässt uns das Positive überall erkennen.

(L. zeigt das halbvolle Glas:) Auf den Blick kommt es also an.

Mit den Augen des Glaubens sehen wir alles positiver.

49. Gott kann auf krummen Zeilen gerade schreiben

Hinführung

Manche Väter haben die Schaukel im Garten am starken Arm eines Baumes festgemacht. Den Kindern ist es ein Vergnügen, die Schaukel in Schwung zu bringen und dann in großen Höhen hin- und herzuschaukeln. Wenn wir es als Erwachsene auch nochmal versuchen wür-

den, ging aber unser Blick zunächst nach oben, ob der Ast uns wohl aushalten würde. Sonst wäre uns schnell das Lachen vergangen.
Ein schönes Gleichnis: Wenn ich meine Lebensschaukel im Vertrauen auf den starken Arm Gottes festgemacht habe, kann ich mit Freude in ungeahnte Höhen schwingen.

Lesungen

Ps 23: Der Herr ist mein Hirt;
Joh 5,1–9: Der Kranke am Teich Betesda, der 38 Jahre lang auf Heilung wartete.

Ansprache

Vielleicht hat der Kranke nach 38 Jahren Warten schon oft mit seinem Schicksal, sprich mit Gott, gehadert. Aber dann, als er wahrscheinlich schon gar nicht mehr damit gerechnet hat, tritt die große Wende ein.
Wie sind wir bisher mit Schicksalsschlägen umgegangen? Haben wir vielleicht sogar den Glauben an einen barmherzigen Gott verloren? Ich kenne viele, die keine Kirche mehr betreten, weil Gott ihre inständigen Bitten nicht erhört hat.
Andere erwarten kein Wunder. Sie ertragen geduldig ihr Kreuz und sind zufriedene Menschen. Es gibt aber auch Personen, die erlebten, wie Gott in ihrem Leben auf krummen Zeilen gerade geschrieben hat. Dazu fällt mir folgende Geschichte ein:
Der einzige Überlebende eines Schiffsunglücks wird an den Strand einer unbewohnten Insel gespült. Tag für Tag hält er Ausschau nach Rettung. Immer wieder vergeblich. Dann baut er für sich und seine wenigen Habseligkeiten eine kleine Hütte aus Holz. Eines Tages aber geht seine Hütte in Flammen auf. Nun hat er endgültig alles verloren. Er schreit und klagt vor Zorn und Verzweiflung. – Am nächsten Tag hört er das Geräusch eines Motorbootes. Seine Retter ersteigen die Insel. »Woher wisst ihr, dass ich hier bin?«, fragt er sie überwältigt. Sie erwidern: »Wir haben die Rauchsignale gesehen, die über der Insel aufstiegen!« (nach Imre Kertèsz, ungarischer Schriftsteller und einstiger KZ-Häftling)

Was den Schiffbrüchigen endgültig umzubringen schien, wurde zum Beginn seiner Rettung. Er war mit seiner Weisheit am Ende, da kommt Hilfe »von oben«.
So haben schon manche Menschen staunend gesagt: »Gott kann auf krummen Zeilen gerade schreiben.«
Zeigt sich das nicht auch im Leben Jesu?: Alle glaubten schon, die »Sache« Jesu sei zu Ende, da begann sie erst richtig. – Oder, wie eingangs gehört, der Mann, der 38 Jahre lang vergeblich auf seine Rettung hofft: Da kommt Jesus und sagt: »Komm, steh auf, warte nicht länger auf ein Wunder, sondern traue meinen Worten und geh die ersten eigenen Schritte.«
Wer im Vertrauen auf Gott Ja zu seinem Leben sagt – und sei es noch so schwer –, der kann zufrieden auf seiner Lebensschaukel schwingen – in gute und böse Tage hinein.

Fürbitten

L.: Wir rufen zum Geber aller Gaben und bitten:
- Schenke allen Menschen den festen Glauben an einen barmherzigen Gott.
- Öffne verzweifelten und leidenden Menschen den Blick für deine Wege.
- Richte die unterdrückten und vom Schicksal schwer getroffenen Menschen wieder auf. Und lass uns dabei helfen.
- Schenk uns ein unerschütterliches Vertrauen in deine Nähe und Hilfe.

L.: Dann gehen wir alle Tage unseres Lebens an deiner Hand, der du lebst und liebst in alle Ewigkeit.

Meditation

1. Ich glaube an einen Gott,
der auf krummen Zeilen gerade schreiben kann;
an einen Gott, der warten kann.
2. Ich glaube an Gott, der Ja sagt zu dieser Welt,
trotz der Macht des Bösen.

Der mich nie tiefer fallen lässt als in seine Hände.

1. Ich glaube, dass Gott uns von Angst und Schuld befreien kann;
dass er dem Menschen immer wieder die Freiheit geben wird;
auch wenn er blutenden Herzens erkennt,
wie oft wir diese Freiheit missbrauchen.
2. Ich glaube, dass Gott aus gleichgültigen Menschen
lebendige Mitarbeiterinnen und Mitarbeiter machen kann,
die sich gegen die Ungerechtigkeit
und das Leid in der Welt stemmen.
Bis ein neuer Anfang gelingt.

Den Frieden wagen

50. Sonne oder Sturm

Vorbereitung

Eine Sonne und ein paar Sonnenstrahlen aus kräftigem Papier.

Hinführung

Manchmal wird es laut um uns herum, im Gang, zwischen Nachbarn, auf der Straße.
Hat der Streit schon mal etwas gebracht?

Lesungen

Eph 5,8–11: Lebt als Kinder des Lichtes;
Joh 12,35–36: Werdet Töchter und Söhne des Lichtes!

Ansprache

Was lehren uns die großen Kriege, in denen alles zerstört wird; auch Millionen von Menschen!? Und die Kleinkriege zwischen uns?
Einmal stritten Sonne *(L. zeigt sie)* und Sturm um die Wette, wer wohl die meiste Kraft habe, etwas zu erreichen. Sie nahmen sich als Wette vor, einem armen Wandersmann den Mantel abzunehmen. Zuerst fing

der Sturm an, mächtig zu blasen. Sofort hüllte sich der Wanderer fester in seinen Mantel. Der Sturm blies noch kräftiger. Aber der Wanderer stemmte sich dagegen und umhüllte den Mantel mit seinen Armen. Da gab der Sturm auf.
Danach versuchte es die Sonne: Sie fing einfach an zu scheinen. Schon wurde es dem Wanderer zu warm: Er begann zu schwitzen und zog den Mantel aus!
Freundlichkeit, Güte, Verzeihen und Entgegenkommen haben immer den längeren Atem und kosten auch weniger Nerven. Keine Frage, ob Sturm oder Sonne im Rückenwind Gottes stehen.
Weil wir so schnell vergessen, kann sich jeder einen kleinen Sonnenstrahl mit nach Hause nehmen.

51. Vom Rufmord

Vorbereitung

Ein Sieb.

Hinführung

Unsere kleine Zunge kann für viel Unfrieden im Miteinander sorgen. Das scharfe Wort »Ruf*mord*« übertreibt nicht: Wir können den guten Ruf eines Menschen hinterrücks, also hintenherum, »morden« und damit auch sein Leben zerstören.

Lesungen

1 Petr 3,10–12: Bewahre die Zunge vor Bösem;
Jak 3,4–12: Von der Macht der Zunge;
Mk 7,31–35: Die Heilung des Taubstummen.

Ansprache

(L. nimmt ein Sieb:) Ein Weiser hat einmal ein einfaches Rezept verraten: Schütte alles, was du hörst, durch drei Siebe! Das erste Sieb heißt »Wahrheit« und meint: Hast du alles, was du mir erzählen willst, selbst

geprüft, ob es wahr ist? – Das zweite Sieb heißt: »Güte«: Ist das, was du mir erzählen willst, gut? – Das dritte heißt: »Wichtigkeit«: Ist es notwendig, mir das zu erzählen, was dir auf der Zunge liegt? – Und im Zweifel: Für den Angeklagten!
Seit dem Altertum ist das Rezept mit den drei Sieben bereits bekannt. Und doch ist der Rufmord noch nicht ausgerottet. Das zeigt, wie gefährlich die Zunge ist und begierige Ohren süchtig. Wahrscheinlich muss Jesus auch uns – wie einst den Taubstummen – erst die Finger in die Ohren legen und unsere Zungen berühren.

52. Übung zum Frieden: Das Brot miteinander brechen

Vorbereitung

Brötchen zum Teilen bereitstellen.

Hinführung

Als ein jüdischer Gesetzesgeber bemerkte, wie sich zwei seiner Schüler befeindeten, nahm er die nächste Gelegenheit wahr, mit den beiden ein Stück Brot zu teilen und beim gemeinsamen Essen darüber zu sprechen, was vorgefallen war, und anschließend auszuloten, ob eine Versöhnung möglich ist.

Lesungen

1 Kor 11,23–25: Jesus bricht das Brot mit seinen Jüngern; auch mit Judas!;

Joh 13,21–30: Jesus gibt Judas einen Bissen Brot.

Ansprache

Wir kennen das: Es kann ein noch so schönes Essen auf dem Tisch stehen, wenn Streit aufkommt, vergeht uns der Appetit – und es herrscht eisiges Schweigen.
So wusste auch ein alter Bäcker um die Kraft eines gebrochenen Stückes Brot zwischen Menschen: Wenn zum Beispiel eine Frau bedrückt

war, weil ihr Mann krank geworden ist, dann nahm er sie beiseite, ließ die Angestellten weiter bedienen, erfragte die näheren Umstände. Schließlich brach er ein Stück Brot ab, teilte es mit ihr und sagte: »Essen Sie es mit mir und wir denken dabei an Ihren Mann.«
Eines Tages stürzte ein Hüne von Kerl durch die offene Ladentür, verriegelte sie von innen und keuchte: »Mein Vater will mich erschlagen, der ist jähzornig.« Und richtig, da erschien schon ein Mann wie ein Schwergewichtsboxer mit der Eisenstange. Der alte Bäcker aber entriegelte die Tür und entgegnete: »He, Gaston, was regst du dich am frühen Morgen so auf. Das ist ungesund. Komm herein. Aber benimm dich! Hier wird kein Mensch umgebracht!« Und dann nahm der alte Bäcker ein Brot, brach es entzwei, gab dem Mann und seinem Sohn davon und sagte: »Kommt, esst mit! Das beruhigt. Und iss mit deinem Sohn, das versöhnt. Und ich esse mit euch, damit die Versöhnung leichter fällt.«
Und sie aßen alle, sahen einander an und der alte Bäcker lächelte beiden zu – bis schließlich der Vater sagte: »Komm, Junge, wir müssen an die Arbeit!« (nach Heinrich A. Mertens)
Ein Brot kann zusammenbringen. Wie viel mehr will Jesus das, wenn er in der heiligen Kommunion zu uns kommt. Eine Chance zum Frieden miteinander!
(Jetzt werden die Brötchen ausgeteilt und in kleinen Gruppen miteinander gegessen. Dabei kann erzählt werden, wie Frieden gelingen kann.)

Herausforderungen annehmen

53. Aus Dornen kann Erlösendes wachsen (Passionszeit)

Vorbereitung
Ca. 20 cm lange Dornzweige (von Rosenstöcken oder an Bahntrassen abschneiden) für jede/n; alternativ: Eine Rose (mit Dornen).

Hinführung

Wir ertasten am Zweig die Spitze eines Dornes: Wir können uns an so einem Dorn leicht verletzen. So heißt es im ersten Buch der Bibel:

1. Spr.: Zu Adam sprach Gott, der Herr: »Weil du vom Baum gegessen hast, von dem zu essen ich dir verboten hatte: So ist verflucht der Ackerboden deinetwegen. Unter Mühsal wirst du von ihm essen alle Tage deines Lebens. Dornen und Disteln lässt er dir wachsen, und die Pflanzen des Feldes musst du essen. Im Schweiße deines Angesichtes sollst du dein Brot essen …« (Gen 3,17.19a)

L.: Im weiteren Verlauf werden die Dornen plötzlich positiv gedeutet.

2. Spr.: Eines Tages trieb Mose das Vieh über die Steppe hinaus und kam zum Gottesberg Horeb. Dort erschien ihm der Engel des Herrn in einer Flamme, die aus einem Dornbusch emporschlug. Er schaute hin: Da brannte der Dornbusch und verbrannte doch nicht. Mose sagte: »Ich will dorthin gehen und mir die außergewöhnliche Erscheinung ansehen. Warum verbrennt denn der Dornbusch nicht?« Als der Herr sah, dass Mose näher kam, um sich das anzusehen, rief Gott ihm aus dem Dornbusch zu: »Mose, Mose, komm nicht näher heran …« (Ex 3,1b–5a)

L.: Warum wählte Gott keinen Weinstock, der auch in der Wüste wachsen kann? Hätte so gut zum Neuen Testament gepasst. Oder wollte er damit sagen: Es gibt auf Erden keinen Platz – und wenn es noch so verletzend und himmelschreiend zugeht –, an dem Gott nicht gegenwärtig ist!? Aber es gibt noch eine Steigerung. Sie steht im Neuen Testament:

3. Spr.: Die Soldaten des Statthalters zogen Jesus aus und legten ihm einen purpurroten Mantel um. Dann flochten sie einen Kranz aus Dornen; den setzten sie ihm auf und gaben ihm einen Stock in die rechte Hand. Sie fielen vor ihm auf die Knie und verhöhnten ihn, indem sie riefen: »Heil dir, König der Juden!« Und sie spuckten ihn an, nahmen ihm den Stock wieder weg und schlugen ihm damit auf den Kopf. (Mt 27,28–30)

L.: Jesus trägt also das Zeichen des Fluches und der Gegenwart Gottes auf seinem Haupt. Das ist die Sprache Gottes, der auf krummen Zeilen gerade schreiben kann: In Christus sind wir bereits erlöst! Wir glauben an diesen Gott, der alles umkehren kann: Not und Leid, Bitterkeit und Zweifel. Wenn er auch oft dabei unsere Hilfe einfordert. Wir glauben an Jesus Christus, in dem wir alle Ängste überwinden können!

Aktion

Wir legen die Zweige zu einer Dornenkrone zusammen und erzählen einander, was uns aus unserem Leben bewegt.

54. Bereit sein zum Verwandeln (um Neujahr)

Vorbereitung

Eine Kristallvase oder ein Trinkglas mit eingraviertem Muster, halb mit Wasser gefüllt.

Hinführung

(L. zeigt diese:) Die Vase/das Glas könnte unser Leben sein: Manches ist eingeritzt worden vom himmlischen Graveur. Hatte das nur »Schmerzen« zur Folge?

Lesungen

Num 6,22–27: Der aaronitische Segen;
Lk 2,16–20: Sie fanden das Kind in der Krippe.

Ansprache

Die Vase/das Glas ist nur halb mit Wasser gefüllt: Sehen wir das kommende Jahr positiv (= halbvoll) oder jammern wir schon zu Beginn des Neuen (= halbleer)?
Das Glas, unser Leben, hat schon einen Verwandlungsprozess hinter sich: Der ursprüngliche Sand wurde über tausend Grad Celsius er-

hitzt und dadurch flüssig und durchsichtig. Im Musical »Vom Geist der Weihnacht« heißt ein Lied: »Was für ein Glück, dass ich mich ändern kann!«

Das ist ein Glück in unserem Leben: Sich so verwandeln können, dass trotz der Umstände mehr Glück und Zufriedenheit herausspringen.

Das Glas bedarf der Pflege, damit es nicht stumpf und schmutzig wird. Wir dürfen nicht allen Schmutz zulassen, der durch unsere Umgebung oder die Medien an uns tritt und kleben bleibt: Die ehrliche Gesinnung und eine eigene Meinung sind gefragt.

Wenn das Schicksal seinen Fräskopf ansetzte und uns eine Krankheit oder ein Unglück traf, dann hilft die Frage nicht weiter: »Warum?« oder »Warum ich?« Aber ich kann versuchen, es auch positiv zu sehen: Unser Inneres kann darüber mehr an Fläche gewinnen, mehr Verständnis für andere bekommen, mehr Dankbarkeit erzeugen, dass es uns nicht noch schlimmer getroffen hat.

Ich darf die Vase/das Glas auf den Altar stellen, gleichsam als Bitte an Gott, uns in dem Verwandlungsprozess des Lebens beizustehen, dass unser Glas dabei nie zerbricht.

Fürbitten

L.: Herr Jesus Christus, du Retter der Welt! Zu dir bringen wir unsere Anliegen und bitten dich:

- Für alle, die mit Sorge und Angst in das neue Jahr gehen: Schenke ihnen Zuversicht und Vertrauen auf dich!
- Für alle, die resigniert haben, die nichts mehr von dir und anderen Menschen erwarten oder krank und überfordert sind: Lass sie spüren, dass du gerade für die geboren bist, die klein und hilflos sind.
- Für uns selber: Stärke in uns das Vertrauen auf dich und stecke uns an mit der Freude und Begeisterung für deine Botschaft!
- Für alle, die sich nach Frieden und Gerechtigkeit sehnen: Lass sie mutige und gewaltfreie Wege zum Wohle aller finden!

L.: Denn du bist der, der die Welt zum Guten verändern wird. Dir vertrauen wir uns an und dich preisen wir mit dem Vater und dem Heiligen Geist bis in alle Ewigkeit.

Zum Thema Neujahr siehe auch die Nummern 9 und 10.

55. Sich öffnen und dann halten

Vorbereitung

Eine größere Sicherheitsnadel; für jeden Teilnehmer eine kleinere.

Hinführung

So eine Sicherheitsnadel *(L. zeigt sie)* als »Notgepäck« in der Tasche kann nicht schaden für alle Fälle, wenn ein Malheur passiert.

Lesungen

Gen 12,1–4: Noch im hohen Alter öffnet sich Abraham für neue Erfahrungen;

Mt 7,13–14: Der Weg zu der Tür, die sich öffnet, ist oft eng und anstrengend.

Ansprache

Wer innerlich jung bleiben will, muss sich öffnen können wie diese Sicherheitsnadel *(L. öffnet sie)*. Abraham ist noch mit 75 Jahren dazu bereit, muss sogar dafür die Heimat verlassen und neu anfangen. Auch im berühmten Gedicht von Hermann Hesse steht:

»Wir sollen heiter Raum und Raum durchschreiten,
an keinem wie an einer Heimat hängen;
der Weltgeist will nicht fesseln uns und engen …
Er will uns Stuf um Stufe heben, weiten …
Nur wer bereit zu Aufbruch ist und Reise,
mag lähmender Gewöhnung sich entraffen.

> Es wird vielleicht auch noch die Todesstunde
> uns neuen Räumen jung entgegensenden.
> Wohlan denn, Herz, nimm Abschied und gesunde.«

Sich also für Neues öffnen und Herausforderungen annehmen, hält uns innerlich jung. Das Loslassen macht uns fähig, danach wieder erneut festzuhalten. Junge Leute sind heutzutage gezwungen, auf dem Arbeitsmarkt sich neu zu orientieren; auch mit den dreißig Prozent Schaffenskraft, die uns eventuell noch geblieben sind, können wir uns erneut engagieren.

Auch die Erfahrungen mit Gott unterliegen diesem Reifeprozess: Sich immer wieder neu für den Willen Gottes öffnen, denn letztlich braucht ein »*Dein* Wille geschehe!« weniger Kraft und Nerven, als sich immer wieder aufzulehnen. Das weist in Richtung der kleinen Öse, diesen Kreis am Ende der Nadel, der alles stabiler macht: Dieser Kreis, ohne Anfang und Ende, steht für Gott, der uns in diesem Prozess helfend zur Seite stehen will. Damit wir mit mehr Gelassenheit den manchmal engen Weg zur Tür gehen, die ins eigentliche Leben führt.

Es wäre schön, wenn Sie die kleine Sicherheitsnadel, die Sie bekommen haben, ins »Notgepäck« des Lebens legen.

Lieben

56. In der Stille dienen

Vorbereitung

Für jeden ein Gänseblümchen oder eine Fotokarte mit Gänseblümchen, wie sie zum Beispiel bei den Verlagen Kawohl oder Butzon & Bercker angeboten werden.

Hinführung

Gänseblümchen, so klein sie sind, haben unsere Hochachtung verdient: Woher nimmt das zarte Blümchen die Kraft, im Herbst bis in den

Schnee hinein zu blühen und auch wieder sofort im Frühling die Sternenaugen aufzumachen?

Lesungen

Phil 2,5–11: Das Beispiel Christi, der sich erniedrigte;
Mk 9,33–35: Wer der Erste sein will, sei euer Diener.

Ansprache

Überschwänglich hat einmal ein Dichter ausgerufen: »Gänseblümchen sind die lachende Visitenkarte eines menschenfreundlichen Gottes«. Und wenn es für die ganze Menschheit ein Wappen gäbe, dann müsste darauf ein Grashalm zu sehen sein und gleich daneben ein Gänseblümchen; denn es ist nichts anderes als das gesamte Weltall in »Miniaturausgabe«!

Wir haben es im Evangelium gehört: Wir brauchen die Menschen, oft sind es Ehrenamtliche, die an einer übersehbaren Stelle, ohne aufzufallen, ihren Dienst verrichten. Ja, wir brauchen nicht nur Rosen, Lilien, Sonnenblumen, die an wichtigen Schaltstellen die Weichen setzen, wir brauchen auch die Demütigen – wie die Gänseblümchen, die früher das Symbol der Liebenden gewesen sind und dazu noch ein Heilkraut gegen vielerlei Leiden.

Die Gänseblümchen wandern wie die jungen Sonnenblumen mit ihren Köpfchen immer der Sonne nach. Auch ihr kleiner, gelber Blütenboden kann an die Sonne erinnern.

Da, wo wir stehen, sollen wir zur Ehre Gottes und zur Freude der Menschen blühen und richten uns dabei nach der Sonne Gottes aus. Still – im Dienen.

57. Nur an den nächsten Besenstrich denken

Vorbereitung

Ein Besen ist gegen den Altar gelehnt.

Hinführung

Der Besen da vorne ist nicht von der Reinigungsfirma vergessen worden. Nein, er erzählt eine wunderbare Geschichte.
Und die nimmt Rücksicht darauf, dass unser Atem kürzer geworden ist.

Lesungen

Phil 2,5–11: Das Beispiel Christi;
Joh 13,5–15: Jesus wäscht den Jüngern die Füße, oder
Lk 9,23–25: Jesus nachfolgen.

Ansprache

In der Nachfolge Jesu darf uns keine Arbeit zu niedrig sein. Jesus selbst erniedrigte sich so, dass er, der Meister und Herr, seinen Jüngern die Füße wusch! Aber wir merken, wie uns manchmal die Puste ausgeht. Und da gibt es eine bemerkenswerte Geschichte: Im Roman »Momo« von Michael Ende wird vom Straßenkehrer Beppo erzählt, dem manchmal die Straße, die er reinigen sollte, unendlich lang erschien. Und dann hat er herausgefunden, wie man eine sehr lange Straße sauber kehren kann, ohne sich dabei zu hetzen. Er sagt als seine Lebensweisheit: »Man darf niemals die Straße auf einmal denken! Man muss nur an den nächsten Schritt denken, an den nächsten Atemzug, an den nächsten Besenstrich. Und immer wieder nur an den nächsten. Und dann auf einmal ist die ganze Straße geschafft. Und wir sind nicht mehr außer Puste!«
Das Vorbild Jesu vor Augen und die Lebenserfahrung von Beppo im Hinterkopf, da kann der Dienst an anderen Freude machen. Und so eine Liebe ist auch ein wenig Gottesdienst!

58. Hände können heilen

Hinführung

Wie genießt es ein Kind, wenn wir es in den Schlaf streicheln. Wie gut tut es uns, wenn ein Enkel uns liebevoll über den Rücken streichelt. Hände können heilen!

Lesungen

Sir 29,8–12: Freigebige Hände für die Armen;

Mk 1,29–31: Jesus fasst die Schwiegermutter des Petrus an der Hand und richtet sie auf.

Ansprache

Wenn der Priester bei der Krankensalbung die Hände auf den Kopf des Kranken legt und betet, dann fließen oft Tränen, so nahe geht es dem Erkrankten.

Auch schon in der Taufe wird dem Kind die Hand aufgelegt – wie es einmal Jesus bei den Kindern tat und betete: »Bewahre dieses Kind vor allem, was unmenschlich und was böse ist.« Die Bibel berichtet an mehreren Stellen, dass Jesus den Kranken die Hände auflegte. (z.B. Lk 4,40b) Es gibt Länder, da weiß man um die heilende Macht der Hände, da gehen Männer und Frauen von Bett zu Bett und segnen die Kranken, die danach oft sagen: »Danke, das hat gutgetan!«

Wie schön, wenn sich bei der Eheschließung um die ineinandergelegten Hände von Braut und Bräutigam noch die Hand Jesu in Form der Stola legt und sie fest einbindet.

Auch gleich im Anschluss beim Friedensgruß können die offenen, versöhnlich ausgestreckten Hände heilen:

Hände – unsere wunderbaren Werkzeuge: zum Heilen, zum Segnen und, wo alle Worte und Aktionen nichts mehr bringen – zum Beten!

Sinn des Lebens

59. Der getragene Träger

Hinführung

Wie oft haben wir im Leben andere getragen: mit Stolz, in Freude, Demut, Dankbarkeit? Jetzt kommt die Zeit, wo wir auf Hilfe angewiesen sind; wo wir manchmal getragen werden müssen. Deprimiert uns das? Eine Geschichte weitet unseren Blick dazu:

Ansprache

Ein Sattel erzählte einmal stolz: »Ich trage den Reiter!« Einer riet ihm daraufhin nachzudenken. Und dann das Ergebnis: »Es stimmt: Ich trage zwar den Reiter, aber das Pferd trägt mich!« Als er noch länger nachdachte, leuchtete ihm ein: Das Pferd trug ja nicht nur ihn, sondern darüber hinaus auch den Reiter. Das nahm ihm den Stolz. Er dachte bescheidener, demütiger. Und dann fühlte er sich wie befreit: Das Tragen wurde ihm zur Freude. (nach Rudolf Stertenbrink)

Das wäre das Ideal: Ich durfte und darf mich freuen, dass ich früher so viele und so viel getragen habe. Und jetzt brauche ich keine Komplexe zu bekommen: Denn wer mich nun trägt, ist ja letztlich auch ein Getragener. Im Grunde tragen wir alle und werden alle getragen. Kann das nicht den Blick öffnen für den, den wir Gott nennen, der uns und alle letztlich trägt? Dann stimmt das Wort aus der Heiligen Schrift:

Lesung

Ex 19,4–6: Ich habe euch wie auf Adlerflügeln getragen … ich trage die ganze Erde (»mir gehört die ganze Erde«).

Papst Johannes XXXIII. sagte einmal zu den Männern, die ihn im Tragsessel in den Petersdom trugen: »Als ich ein kleiner Junge war, trug mich mein Vater auf seiner Schulter in die Kirche. Jetzt tragt ihr mich auf euren Schultern. Dazwischen liegt mein Leben. Das Geheimnis besteht darin, sich von Gott tragen zu lassen!«

Tragen und getragen werden gehört zum Leben. Ertragen wir es im Alter. Entscheidend ist: Wir fühlen uns von Gott getragen.

60. Auf die Blüte der Kaktee schauen

Vorbereitung

Eine Kaktee, auf die eine Blüte gesteckt wird (oder blühend).

Hinführung

Selbst im Sommermonat, der uns so viele Blumen schenkt, schauen manche immer nur auf die Stacheln des Lebens, die Traurigkeit des Herzens, die bedrückende Krankheit, den lähmenden Zweifel. Heute schauen wir weiter.

Evangelium

Lk 7,36–50: Jesus kam zum Aufrichten, nicht zum Richten: die Begegnung mit der Sünderin.

Ansprache

Die Sünderin sah nur ihre Stacheln und ihre Schuld. Einzig das Vertrauen in Jesus, dass er ihr anders begegnen wird als die anderen, war die Blüte, die in ihrem Inneren geblieben war.

Wir neigen im Alter dazu, uns an Fehlern der anderen zu reiben und das Positive unserer eigenen Zukunft zu übersehen. Doch keine Kaktee hat die Stacheln so dicht, dass nicht eine Blüte möglich wäre!

Manchmal ist der einzige Weg, um aus einer Depression herauszufinden, die Blüten zwischen den Stacheln, also das Positive in unserem Leben, wieder in den Blick zu bekommen. Selbst wenn einem nur 30% Leistungs- und Bewegungsfähigkeit geblieben sind: Aus diesen 30% ist noch vieles zu machen! Im Kern hat jeder Mensch so viel Liebe empfangen und erfahren, dass in ihm die Wurzel des Guten geblieben ist. Manchmal bekommt das nur noch ein Tier oder eine Pflanze zu spüren.

Schauen wir auf die Frau im Evangelium: Sie hat sich voller Sehnsucht aufgemacht – das war ihr erster Schritt zur Rettung. Hätte Jesus sie abgewiesen, die Stachel-Blicke des Pharisäers und seiner Gäste hätten ihre Hoffnung zerstochen. Aber Jesu Liebe strahlt aus wie eine Umarmung, in der sie sich geborgen weiß. Wenn wir uns aus manchen Stacheln unserer Welt und unseres Lebens auf den Weg machen, dann gilt diese Umarmung auch uns!

61. Das »Scherben-Fenster«

Vorbereitung
Eine kleine bunte Glasscherbe für jeden.

Hinführung
Wenn Sie möchten, legen wir nach dem Gottesdienst ein Mosaik aus diesen bunten Glasplättchen, die Sie bekommen haben. Aber zunächst hören wir dazu eine wunderbare Geschichte:

Kurzgeschichte
Ein Glasmaler setzte aus einem Berg bunter Glasscherben ein Kirchenfenster zusammen: Er legte die bunten Scheibchen in die Umrisse einer Zeichnung auf einem mächtigen Karton.
Alles war noch dunkel und trübe.
Monate später war das Fenster in der Seitenkapelle einer Kirche fertiggestellt. Wenn die Sonne das Fenster ausleuchtete, waren die roten, blauen, gelben … Gläser wunderschön anzusehen. Der Künstler hatte seine kleine Tochter mitgenommen, die ihm in der Werkstatt beim Anreichen der Scherben oft geholfen hatte. Als sie genug gestaunt hatte, begann der Vater: »Siehst du, wie wir das Fenster gemeinsam zusammengesetzt haben, so will Gott mit dir und mir und allen Menschen solch wunderbare Fenster gestalten. Jeder Tag unseres Lebens kann so ein buntes Scheibchen sein: mal mit freundlichen Farben, manchmal aber auch dunkler getönt. Doch das Wichtigste ist: Dass wir das Licht

der Sonne Gottes durchlassen. Das nimmt manchen Schmutz der Scheibchen: Das Leuchten der Farben macht das Fenster strahlend.«

Ansprache

Wie fällt unser Lebensfenster aus?: Sind es mehr dunkle oder mehr freundliche Farben? Entscheidend aber ist, dass wir Gottes Sonne durchscheinen lassen.

Nicht unsere Leistung ist entscheidend gefragt, sondern ob wir durchlässig, also empfänglich waren für die Geschenke Gottes. Dann haben wir die Welt heller gemacht.

Wie es in der Heiligen Schrift heißt:

Evangelium

Joh 8,12 und Mt 5,14–16: Das Licht von Jesus empfangen und seine Leuchtkraft durchscheinen lassen.

(Jetzt können die Glasscherben als Mosaik zusammengelegt werden.)

62. Mit Undankbarkeit fertig werden

Hinführung

Undankbarkeit tut weh. Sie folgt meist aus Gedankenlosigkeit; wir dürfen diesen Personen keine Absicht unterstellen. Auch wir danken ja zu wenig. Und es wäre so einfach:

Kurzgeschichte

Als Mahatma Gandhi zum ersten Mal Natal in Südafrika besuchte, ging er in ein Restaurant zweiter Klasse und bestellte ein Mittagessen. Nachher bezahlte er die Rechnung und sagte zum Kellner: »Ich danke Ihnen für Ihre freundliche Bedienung.«

»Sir«, antwortete der Kellner ganz überwältigt, »ich werde Sie nie vergessen. In meinen 25 Dienstjahren habe ich noch nie ein Dankeswort gehört.«

Aber über eine Undankbarkeit sollte ich nicht zu lange grübeln. Dazu sagte der Nobelpreisträger Elie Wiesel, der das KZ überlebt hatte: »Die zu lange zugelassene Traurigkeit ist eine Sünde, denn sie macht schwermütig; dann verwandelt sie sich in Selbsthass. Wer jedoch sich selbst hasst, hasst schließlich auch seinen Nächsten.«

Evangelium

Mt 11,25–26 (oder Mt 15,36): Jesus spricht immer mal wieder ein Dankgebet.

Ansprache

Wer oft dankt, spürt, welche Kraft ihm dadurch zuwächst – wie immer, wenn ich das Gute zulasse. Die Einstellung ist entscheidend. Dankbarkeit kann zur Grundhaltung werden, die alles als Geschenk ansieht, und so ist es ja letztlich auch. Das Danken, das von Denken/Nachdenken kommt, wird zur Kraft, die uns eine heitere Grundstimmung schenkt – das beste Mittel gegen Undankbarkeit.

Verschiedenes

63. Der Seele Flügel schenken (Sonntag/Urlaub/Ferienzeit)

Vorbereitung

Ein (leerer) Vogelkäfig, verschlossen und gut sichtbar.

Hinführung

Ab und zu müssen wir aus dem Trott des Alltags heraus, damit unsere Seele wieder Flügel bekommt. Das erfahren wir besonders im Urlaub, können es aber auch, wenn uns eine Urlaubsreise nicht möglich ist, jeden Sonntag versuchen.

Lesungen

Dtn 5,12–15: Der siebte Tag ist ein Ruhetag, der Gott geweiht ist;
Mk 3,1–6: Die Liebe steht immer über dem Gesetz.

Ansprache

Sie sehen die Stäbe an diesem Vogelkäfig. Sie bedeuten all die Termine und Verpflichtungen, die uns »Vögel« oft einengen, ja manchmal zu Sklaven machen. Es kann sogar zum Freizeitstress kommen, wenn uns der Terminkalender nicht mehr fest im Griff hat.
(L. öffnet die Tür des Käfigs) Am Sonntag (oder im Urlaub) muss die Seele wieder Flügel bekommen. Es darf nichts geschehen, das uns hetzt und *die* Arbeit verrichten lässt, die uns schon in der Woche nicht zur Ruhe kommen ließ. Der Sonntag ist Gott geweiht. Das heißt, wir dürfen uns daran erinnern, dass wir schon aus dem Tod Befreite sind. Darum treffen wir uns zum Danken und zum Lobe Gottes, der uns nicht allein gelassen hat. Wer dem Sonntag diese Seele nimmt – das geschieht ja weithin –, der geht gedankenloser in die Woche. Wer ihn richtig hält, wird ein Stück gehalten, ja geheiligt und kann mit ganz anderen Flügeln in die neue Woche fliegen.
Wie heißt das Sprichwort?: Wer den Sonntag hält, den hält der Sonntag.
(Der Vogelkäfig bleibt offen)

Fürbitten

L.: Wir rufen zu Gott, der uns freimachen will:

- Lass unsere Gesetzgeber den Sonntag mehr schützen, damit die Menschen nicht in Arbeit und Geschäftigkeit ersticken. – *Liedruf*
- Gib den Christen den Geist der Liebe, der uns in den Gesetzen und den Geboten das rechte Maß für unser Tun finden lässt. – *Liedruf*
- Befreie uns aus dem Käfig der Termine und Verpflichtungen, der Anforderungen und Verlockungen, die unsere Seele immer mehr gefangen halten. – *Liedruf*
- Schenke den Kindern und Jugendlichen Vorbilder, die bereit sind, den Sonntag aus dem Alltag herauszuheben und sich freizumachen für die Familie und die Gemeinschaft der Glaubenden. – *Liedruf*

L.: Denn dann ehren wir dich, der den Sonntag als Ruhetag und Tag des Erinnerns an unsere Erlösung bestimmt hat. Und darum bitten wir durch Christus, unseren Herrn.

64. Die Botschaft eines Wegweisers

Hinführung

Wer als Wanderer bei Wind und Wetter unterwegs ist, kein Navigationssystem besitzt und sich nicht sicher ist, wo er sich genau befindet, der ist dankbar, wenn er auf einen Wegweiser stößt. Und wenn dieser fest verankert und die Aufschrift leserlich ist, breitet sich Sicherheit aus und ab und zu auch große Freude.
Heute hören wir von einem, der Weg und Wegweiser sein möchte.

Lesung

Ps 23: Der Herr ist mein Hirte;
Joh 14,1–6a: Ich bin der Weg, die Wahrheit und das Leben.

Ansprache

(Bitte auswählen!)
So ein Wegweiser *(L. zeigt auf ihn)* kann uns eine Menge darüber sagen, wie ich ein Ziel finde. Jesus ist der Idealfall: Er ist der Weg zum Ziel. Und er hat uns viele wegweisende Sätze hinterlassen, die uns helfen können, seinem Weg zu folgen, um damit auch Wegweiser für andere zu sein.

1. *Wegweiser müssen gerade stehen.* Was nützt ein Wegweiser, wenn er ausgerissen ist und mit dem einen Arm zum Himmel und mit dem anderen auf den Boden zeigt? Es kommt also nicht auf seine und – um im Bild zu bleiben – unsere Schönheit an, sondern darauf, dass wir fest verankert sind, wenn wir für Kinder und Enkel zu Wegweisern werden. Jesus war fest verankert in seinem Bemühen um Ehrlichkeit und Wahrheit. Auch er rang manchmal um eine klare Überzeugung, zum Beispiel als die ausländische Frau

nicht nachließ, für ihre kranke Tochter um Heilung zu bitten, oder als der Schweiß am Ölberg ihm zum Blut wurde, das seine Angst und seine Not bezeugte. Was haben schiefe Wegweiser schon für Unheil gebracht, zum Beispiel in der Zeit des Nationalsozialismus oder bei Jugendlichen, die den Salafisten auf den Leim gingen, oder bei all denen, die der Verführung verfallen, immer mehr haben und nur genießen zu wollen? Also danke an all die, die für uns Wegweiser waren; die fest in Werten verankert, uns die Richtung, den rechten Weg anzeigten!

2. *Ein Wegweiser muss am Rande stehen.* Der mitten auf der Straße steht, wird zum Verkehrshindernis. Großartige Menschen erkennt man daran, dass sie bescheiden auftreten, ihre Person zurücknehmen und einem übertriebenen Gehabe und einer Zur-Schau-Stellung aus dem Weg gehen. Als der Meister Jesus seinen Schülern die Füße wusch, konnte seine dienende Grundhaltung nicht besser vor Augen geführt werden. Ein dienender, geduldiger Dialog kann zusammenführen; autoritäres Gehabe zerstört nur. Das muss sich auch die Kirche sagen lassen.
   Dazu das Beispiel aus der Weihnachtszeit: Drei Könige knien vor dem göttlichen Kind. Was für eine Aussage: Die Mächtigen dieser Welt machen sich klein vor dem Gotteskind! Es ist schon überraschend zu hören, dass der Papst in einem Interview mit einer jesuitischen Zeitschrift als Erstes sagte: »Ich bin ein Sünder!«
3. *Ein Wegweiser muss leserlich sein.* Wie schnell zerplatzt die Hoffnung, wenn man sich einem Schild nähert und die Schrift ist verwittert. Da ist man verärgert und geht kopfschüttelnd weiter.
   Die befreiende Botschaft von Jesus Christus darf in den Predigten nicht hochgestochen über die Köpfe hinweggehen; sie muss verständlich die Herzen der Hörenden erreichen. Welch wunderbare Gleichnisse hat Jesus aus seiner Umgebung erzählt, die die Evangelisten viele Jahre später beim Aufschreiben noch gut in Erinnerung hatten.
4. *In einem Wegweiser kann ich ein Kreuz erkennen.* Der senkrechte Pfahl und die Quertafel mit der Aufschrift. Klare Wegweiser wie

Propheten sind bis in unsere Zeit belächelt, verkannt, beiseitegeschoben, ja »abgesägt« worden. In der Zeit des Nationalsozialismus wurden sie als Verräter beschimpft und mundtot gemacht. Jesus wurde auf dem Wegweiser »Kreuz« festgenagelt und verspottet. Das sollten wir immer bedenken, wenn die Masse Parolen nachläuft. Erst viel später ist Dankbarkeit aufgekommen. Erst viel später wurden diese rehabilitiert und gelangten als mutige Vorbilder in die Schulbücher.

5. *Wegweiser zeigen ein Ziel an, das man meist noch nicht sieht.* Großartige Menschen haben einen weiten Blick für das, was jenseits unseres Horizontes liegt. Johannes der Täufer wurde seinen Jüngern zum überraschenden Wegweiser, als er auf Jesus wies, in dem er schon in diesem den besonderen Menschen und Gott sah, den er taufen durfte, und nicht umgekehrt. Auch Maria, die Mutter Jesu, wurde zum Wegweiser, als sie sagte: »Was *Er* euch sagt, das tut!« Wir brauchen Personen, die mit dem übereinstimmen, was sie anzeigen, aber über sich hinaus den Blick heben lassen. Jesus ist deshalb für uns der Wegweiser, weil er als der Auferstandene für uns eine Tür in die Zukunft geöffnet hat, die wir noch nicht sehen, aber der wir voller Vertrauen entgegengehen.
6. *Ein Vogel auf dem Wegweiser.* In riesigen Plantagen stehen kleine Kreuze, auf die sich große Vögel setzen sollen, damit sie mit ihrem Gewicht nicht einen wertvollen Ast abbrechen. Wir dürfen uns auf einem Wegweiser ruhig einen kleinen Vogel vorstellen, der sich da ausruht und sein Liedchen schmettert. Auch im Ernst unserer Zeit dürfen wir fröhliche Lieder anstimmen. In der Kirche wird viel zu wenig gelacht. Das Lachen ist der Hoffnung letzte Waffe, die uns innerlich Mut macht.

Danke an *den* Wegweiser in Jesus Christus, der uns den Weg zum eigentlichen Leben zeigt, auf dem wir in die Fußstapfen Jesu treten dürfen.

VERÄNDERT NACH REINHOLD STECHER

65. Das Herz Jesu – Maßstab für unser Herz

Vorbereitung

Ein Herz (auch als Aufkleber für jeden?).

Hinführung

Das Herz und die Farbe Rot sind nicht kleinzukriegen. Schon Kleinkinder malen sie für Papa oder Mama. Und fast überall leuchten sie uns entgegen. – Der Bogen zum Herz-Jesu-Freitag (Fest) ist nicht schwer zu schlagen.

Lesungen

Ez 36,24–27: Ich gebe euch ein Herz von Fleisch;
Lk 15,3–7: Das verlorene Schaf (= Gott hat sein Herz an den Menschen verloren);
Joh 19,31–37: Aus dem von der Lanze geöffneten Herzen floss Blut und Wasser heraus, oder
Joh 12,31–32: Wenn ich über der Erde erhöht bin, werde ich alle an mich ziehen.

Ansprache

Die Farbe des liebenden Gottes, rot wie das Blut, zeigt das Herz Jesu. Seine Liebe ging dem Verlorenen, Schwachen, Sündigen nach.
Als Papst Pius XI. 1856 das Herz-Jesu-Fest für die ganze Kirche einführte und 1875 die ganze Christenheit dem göttlichen Herzen weihte oder als in Paris die monumentale Kirche Sacré-Cœur auf dem Märtyrerberg, dem Montmartre, fertig gestellt wurde (1910), sollte das der ganzen Welt verkünden: Ihr braucht keine Angst zu haben! Aus dem göttlichen Herzen fließt ein Gnadenstrom, aus dem ihr alle schöpfen könnt! So beteten die Generationen vor uns auch mit aller Inbrunst: »Herz Jesu, erbarme dich meiner!« oder »Jesus, sanftmütig und demütig von Herzen, bilde unser Herz nach deinem Herzen.« Und der große Theologe Karl Rahner sagte in einem Gespräch: »Mein Leben als Priester und Theologe ist erfüllt, wenn es mir gelungen ist, *einen* Menschen

zu bewegen, in seiner Todesstunde vertrauensvoll zu sagen: ›Herz Jesu, erbarme dich meiner!‹«

Was also Antoine de Saint-Exupéry schon über das vorige Jahrhundert geschrieben hat: »Man sieht nur mit dem Herzen gut!«, kann auch unserem neuen Jahrtausend die Rettung bringen. Da ist einer, der den Stein aus deiner Brust nehmen kann und dir ein Herz aus Fleisch geben will (Ez 36,26).

Was das für den Alltag bedeuten kann, will uns ein Beispiel vor Augen stellen. Verzeihen können ist die größte Liebe, übersteigt unsere menschliche Liebe. Aber mit dem Herzen Jesu, das uns beisteht, gelingt es:

Weihnachten 1928 klopft ein Mann an die Tür des Pfarrhauses und will die Haushälterin sprechen. Diese kommt an die Tür, sieht den Mann und erschrickt. Dieser Mann ist der Mörder ihrer zwölfjährigen Tochter. 26 Jahre sind seitdem vergangen. Soeben wurde er aus dem Gefängnis entlassen, und sein erster Weg führt ihn zur Mutter seines Opfers. Er bittet sie um Verzeihung. Was mag in diesem Moment in der Mutter vorgegangen sein? Sie kannte ihn schon vor der Tat. Und sie gibt ihm eine wunderbare Antwort: »Wenn Gott dir vergeben hat, wie sollte ich dir nicht vergeben?« Beide gehen in der Weihnachtsmesse gemeinsam zum Tisch des Herrn. Die Mutter und der Täter treffen später noch einmal zusammen: Bei der Heiligsprechung des Opfers, der heiligen Maria Goretti, im Jahr 1950.

»Wenn Gott dir vergeben hat, wie sollte ich dir nicht vergeben?« Die Mutter kann dem Mörder ihrer Tochter nur deshalb vergeben, weil Gott ihm bereits vergeben hat. Die Mutter wird zur Zeugin der grenzenlosen Liebe Gottes.

Weil wir von Gott geliebt sind und diese Liebe im geöffneten Herzen Jesu so vor Augen haben, können auch wir über unseren Schatten springen.

(L. legt das Herz-Symbol unter das Kreuz oder zu einer Herz-Jesu-Darstellung)

66. Maria – die schönste aller Blumen

Hinführung

Seit alter Zeit wird Maria mit Blumen in Verbindung gebracht, wie zum Beispiel »Maria im Rosenhag« (Lochner-Altar im Kölner Dom. So singen wir in einem Marienlied: »Sie ist die reinste Rose, ganz schön und auserwählt«, GL 531, 2. Str.).

Evangelium

Joh 19,25–27: Maria, auch unsere Mutter.

Sprechspiel als Ansprache

L.: Einige Personen werden uns von Blumen erzählen, die sie auf die Mutter Gottes deuten:

1.: Bei Maria denke ich an eine *Rose*. So singen wir an Weihnachten: »Es ist ein Ros entsprungen«. Maria als Rosenstrauch hat uns das einzigartige Blümlein im Jesuskind gebracht, das so süß duftet und uns von Sünde und Tod rettet. (GL 243, 3 Str.) – Der Volksmund weiß auch, dass das Grab Mariens mit Duft erfüllt wurde.

2.: Im Grab Mariens wird auch oft die *Lilie* gemalt, die ungemein stark duftet. Schon der Engel Gabriel, so bekunden viele Bilder, hielt dem jungen Mädchen eine Lilie entgegen, die Reinheit und Auftrag bedeutet.

3.: Bei »Rose« denke ich auch an eine *Pfingstrose,* die ohne Dornen ist – wie ja eine Zeit ohne Schmerzen und Dornen auf uns wartet, wenn Gottes Geist uns in die himmlische Freude einlädt.

4.: Im Mittelalter war auch das fleißige *Gänseblümchen* eine Marienblume: Es sieht ja wie eine kleine Sonne aus, blüht sofort nach dem Schnee im Frühjahr und dann weiter bis zum November in den Schnee hinein. Das Gänseblümchen ist auch eine Heilpflanze, die wie ein Chirurg alles Negative aus unserem Körper drängt.

5.: Auch das bescheidene *Veilchen* wird auf Maria gedeutet, wie es im Bild »Maria im Rosenhag« zu ihren Füßen blüht: Wegen seiner Kleinheit und seinem Duft will es an die Demut Mariens erinnern.

Wer sich klein macht und dient, wird auch heutzutage als ein Mensch empfunden, der ausstrahlt; also in gewissem Sinn »Duft« in unser Miteinander bringt.

6.: Auf dem genannten Bild sind zu Füßen Mariens auch rote *Erdbeeren* gemalt. Das Rot erinnert an das Jesuskind, dem Leid und Not nicht erspart wurde.

7.: Auch die *Sonnenblume* stellen wir gerne vor ihr Bild: Weil sie sich an der Sonne Gottes orientierte, wurde sie selbst zu einer kleinen Sonne, die uns bis heute erfreut.

L.: Noch viele Blumen werden mit Maria in Verbindung gebracht. Die Bedeutung können wir dabei erahnen, wie z.B. das *Flammende* Herz, das *Vergissmeinnicht* oder die *Königskerze*.
Aber genug. Wir dürfen sagen: Maria, die schönste aller Blumen, du unsere Mutter, sei herzlich gegrüßt!

Zum Thema »Maria« siehe auch die Nummern 23, 40, 67.

67. Vom Schatz des Rosenkranzes (Rosenkranzmonat Oktober)

Vorbereitung

Ein Rosenkranz.

Hinführung

(L. zeigt den Rosenkranz:) Viele können mit einem Rosenkranz nichts mehr anfangen, obwohl ihn noch viele Kommunionkinder geschenkt bekommen. Aber er ist ein Schatz im »Trödelladen der Frömmigkeit«, wie sich einmal ein Bischof ausgedrückt hat (Reinhold Stecher, 1921–2013, Bischof von Innsbruck).

Evangelium

Lk 11,9–13: Vom Vertrauen beim Beten.

Ansprache

(L. zeigt wieder den Rosenkranz:) Es gibt in allen Weltreligionen diese Gebetsketten: Für alle Kenner kein »ermüdendes Geleier«, sondern ein Gebet, das zu innerer Ruhe und Stille führt. Der Rosenkranz ist aber kein Sessellift, sondern eher ein Rollator der Frömmigkeit: Das geduldige rhythmische Treten ist beschwerlich, führt aber »nach oben«, das heißt gibt Vertrauen und breitet im Herzen eine Geborgenheit aus, wie das Fallen in die Hände Gottes: Er weiß ja, was wir brauchen. Dieses Beten ist wie das ständige Heranrauschen der Brandung, deren Wellen danach wieder ausrollen. Wie der hl. Franziskus eine ganze Nacht gebetet hat: »Mein Gott und mein Alles!«

Beim Rosenkranzgebet brauche ich nicht auf die einzelnen Wörter zu achten: Es ist vielmehr wie eine nächtliche Autofahrt: Wenn die Reflexionen der Straßenbegrenzungen aufleuchten, konzentrieren wir uns ja nicht auf die einzelnen Lichtpunkte; aber ihre Vielfalt hilft uns, sicherer die Richtung einzuhalten. Die verschiedenen Rosenkränze kreisen immer um Jesus: um sein Kommen, sein Leiden, seine Herrlichkeit, seine Gegenwart. Er ist die Richtung, und bei diesem Nachdenken darf ich mein persönliches Leben einbringen mit meinem Hoffen und Ringen, mit meiner Sorge und Freude; und das Leben derer, die uns vertrauen und für die wir stellvertretend Fürbitte einlegen. Irgendwie spüren wir dann das Geheimnis: Es ist wie mit den Bergbächen: Sie bekommen aus den Seitentälern neue Zuflüsse und rauschen umso kraftvoller ins Tal. Versuchen Sie es einmal oder immer wieder mit diesem ungeahnten Schatz, dem Rettungsring in unseren Händen.

NACH REINHOLD STECHER, DER ROSENKRANZ

68. Tiere – Freunde des Menschen

Hinführung

Ein Spürhund führte die Fahnder zu dem Gullyschacht, in den ein Vierzehnjähriger ein Mädchen geworfen hatte. So rettete ein Hund ihr Menschenleben. – Tiere als Freunde des Menschen.

Geschichte

Die Bienenkönigin (Inhaltsangabe)

Einleitung: Märchen geben im Kern eine Wahrheit weiter, die die Weisheit aus jahrhundertelangen Erfahrungen der Menschen speichert. Das Märchen »Die Bienenkönigin« der Brüder Grimm will sagen: Wenn du die Natur – also auch die Tiere – achtest, kommst du leichter zum Ziel.

1. Spr.: Zwei wilde Königssöhne waren in der Welt gescheitert und heruntergekommen, sodass sich ihr jüngster Bruder auf den Weg machte, sie wieder nach Hause zu holen. Den verspotteten sie mit dem Namen »Dummling«, weil sie meinten: Der ist einfach zu dumm für diese Welt; wir sind schlauer und gerissener.

2. Spr.: Auf dem Heimweg wollten die beiden Ältesten einen Ameisenhaufen zerstören, um sich an der Angst der Tierchen zu weiden. Aber der Dummling wusste es zu verhindern. – An einem See wollten sich die beiden ein paar Enten zum Braten fangen, aber der Jüngste stellte sich quer. Und schließlich wollten die beiden Feuer an ein Bienennest legen, um an den Honig zu kommen, aber auch davon konnte sie der Dummling abhalten.

1. Spr.: Dann kamen sie zu einem seltsam stillen Schloss: Steinerne Pferde standen in den Ställen. Schließlich zeigte ihnen ein graues Mäuschen drei Aufgaben auf einer steinernen Tafel, durch die das verwunschene Schloss erlöst werden könnte.

2. Spr.: Die erste Aufgabe war, die tausend Perlen der Königstochter unter dem Moos zu suchen; die zweite war, den Schlüssel zur Schlafkammer der Königstochter aus dem See zu holen. Die dritte Aufgabe war die schwerste: aus den drei schlafenden Töchtern des Königs, die sich alle glichen, die jüngste und liebste herauszufinden.

1. Spr.: Die beiden älteren Brüder scheiterten schon an der ersten Aufgabe und wurden zu Stein. Dem Dummling aber halfen die Tiere, für die er sich so entschlossen eingesetzt hatte: Fünf-

tausend Ameisen hatten schnell die tausend Perlen gefunden; die Enten, die er gerettet hatte, fanden den Schlüssel im See – und die Bienenkönigin kam angeflogen und setzte sich auf die Lippen der jüngsten Königstochter, weil sie vorher einen Löffel Honig gegessen hatte.

2. Spr.: Da wurden alle vom steinernen Fluch erlöst. – Der Dummling aber vermählte sich mit der jüngsten Königstochter und wurde König nach ihres Vaters Tod. – *(Stille)*

Nachsatz: Wer die Natur achtet, kommt leichter zum Ziel.

Evangelium nach Lukas 16,19–21

Einleitung: Tiere zeigen manchmal mehr Erbarmen als Menschen.

In jener Zeit erzählte Jesus: Es war einmal ein reicher Mann, der sich in Purpur und feines Leinen kleidete und Tag für Tag herrlich und in Freuden lebte. Vor der Tür des Reichen aber lag ein armer Mann namens Lazarus, dessen Leib voller Geschwüre war. Er hätte gern seinen Hunger mit dem gestillt, was vom Tisch des Reichen herunterfiel. Aber es kamen nur Hunde und leckten an seinen Geschwüren. (Der Speichel der Hunde heilt!)

Ansprache

Tiere als Freunde des Menschen.

Das können wir so oft im Fernsehen betrachten. Weil Hunde hundertmal besser riechen können als wir Menschen, sind sie die beste Wache zu Hause. Fragen Sie die Polizei! Oder wir sehen Lawinenhunde, die spüren auf, wo nach Verschütteten zu graben ist. Sie beschnüffeln das Gepäck der Fluggäste und finden Drogen heraus: Das kann vielen Menschen das Leben retten. Oder beim Erdbeben zeigen sie an, wo noch Lebendige vergraben liegen.

Tiere als Freunde des Menschen!

Es ist interessant, wozu Menschen Tiere einsetzen: zum Beispiel besonders in Frankreich erschnüffeln Wildschweine(!) die Trüffel, eine schmackhafte und teure Art von Pilzen. Und jetzt können Sie einmal schmunzeln: Früher nahmen die Bergleute einen Kanarienvogel mit in den Schacht. Und wenn der von der Stange fiel, dann wussten sie: Jetzt schnell hier raus; es strömt Gas aus, gleich gibt es eine Explosion! Dem Kanarienvogel gefiel das sicher nicht, aber so rettete er Menschenleben.

Tiere haben oft einen sechsten Sinn, der uns staunen lässt: Da zerrt der Hund am Herrchen und will es aus dem Raum haben. Aber das Herrchen versteht nicht und schimpft, kennt den sonst folgsamen Hund nicht wieder. Der lässt nicht locker. Und wenn er seinen Herrn schließlich vor der Tür hat, dann – bricht das Haus zusammen oder eine Gasexplosion jagt es in die Luft. Ist dieses Verhalten nicht bemerkenswert!?

Ich darf Ihnen so ein Ereignis einmal ausführlicher schildern:

Es war vor einigen Jahren in Marokko, in der Stadt Agadir. Mehrere hundert Händler kamen mit ihren Eseln zum Monatsmarkt. Jeder hatte zwei bis drei Esel dabei, auf deren Rücken die Waren festgezurrt waren.

Am späten Nachmittag wurden sämtliche Tiere unruhig, am Abend waren sie nicht mehr zu bändigen. Sie schlugen aus, zerrten in panischer Angst an ihren Seilen und stießen klägliche Schreie aus. Alle Versuche, sie zu beruhigen, auch alle brutalen Stockschläge, vermochten nichts zu bewirken. Schließlich vermutete man, dass sich in der Nähe eine größere Anzahl gefährlicher Schlangen verberge. Den Händlern blieb nichts anderes übrig, als die Tiere aus der Stadt zu bringen.

Jetzt erst kehrte Ruhe ein.

Dann begann in den frühen Morgenstunden das entsetzliche Erdbeben: Die gesamte Altstadt von Agadir wurde bis aufs letzte Haus zerstört. 12000 Tote zählte man.

Jetzt können Sie verstehen, warum sich die Händler später demütig vor ihren Tieren verneigt haben: Sie hatten ihnen das Leben gerettet.

(nach Kölnische/Bonner Rundschau vom 15.4.1992)

Erinnern Sie sich: Als der furchtbare Tsunami in Indonesien hunderttausenden Menschen das Leben kostete, hätten die Einwohner Stunden vorher die Elefanten beobachten sollen: Die liefen nämlich früh genug in höher gelegene Landstriche.

Tiere als Freunde des Menschen. – Hoffentlich benehmen *wir* uns auch als gute Freunde.

Fürbitten

L.: Wir erheben unsere Augen zu dem, der in Himmel und Erde seine Gesetze legte, und bitten:

- Lass die christlichen Kirchen die Achtung und Ehrfurcht vor deiner Schöpfung überall verkünden.
- Hilf den Mächtigen in Staat und Wirtschaft, verantwortungsvoll mit den Lebewesen und Schätzen der Erde umzugehen.
- Schenke allen, die sich für den Schutz der Schöpfung engagieren, genug Eindringlichkeit und Tatkraft, sich für ausgebeutete Tiere und Pflanzen Gehör zu verschaffen.
- Bewege die christlichen Organisationen, nach dem Vorbild des heiligen Franziskus und des heiligen Hubertus, für den Erhalt der Schöpfung zu kämpfen.

L.: Denn wir sollen Zeugen deiner Herrlichkeit sein – durch Christus, unseren Herrn.

III. Acht Abschiedsfeiern für Verstorbene

Im Sterbezimmer

Solch eine kurze Feier hilft den Angehörigen und Mitbewohnern des Seniorenheims beim Abschiednehmen. Auf einem weiß gedeckten kleinen Tisch sollten ein Kreuz, eine brennende Kerze und ein Blumenstrauß stehen. Die Angehörigen können wegen der psychischen Belastung sitzen.

Ablauf

Begrüßung
Der Friede Gottes sei mit uns allen! Ich darf Sie zur Verabschiedung von N.N. begrüßen, die von langem Leiden erlöst ist *(oder:* der so unerwartet aus unserer Mitte heimgerufen wurde; *oder:* deren Hoffnung auf Genesung nicht erfüllt wurde).

Ein Bibelwort
Jesus Christus hat den Tod vernichtet und uns das Licht des unvergänglichen Lebens gebracht durch das Evangelium (von der Auferstehung). (2 Tim 1,10)
Oder: Leben wir, so leben wir dem Herrn; sterben wir, so sterben wir dem Herrn. Ob wir leben oder ob wir sterben, wir gehören dem Herrn. Denn Christus ist gestorben und lebendig geworden, um Herr zu sein über Tote und Lebende. (Röm 14,8–9)
Oder: Jesus Christus sagt: Ich bin die Auferstehung und das Leben. Wer an mich glaubt, wird leben, auch wenn er stirbt, und jeder, der lebt und an mich glaubt, wird auf ewig nicht sterben. (Joh 11,25)
Oder: Jesus Christus spricht: Ich lebe und auch ihr werdet leben. (nach Joh 14,19b)

Oder auch das Wort des heiligen Hieronymus: Wir wollen nicht trauern, dass wir sie verloren haben, sondern dankbar sein dafür, dass wir sie gehabt haben, ja jetzt auch noch besitzen; denn wer heimkommt zum Herrn, bleibt in der Gemeinschaft der Gottesfamilie und ist nur vorausgegangen.

Im Anschluss kann ein Psalm gebetet werden.

Psalm

Ps 23: Der Herr ist mein Hirte (GL 37);
Oder Ps 103: Der Herr vergibt die Schuld und rettet unser Leben (GL 57);
Oder Ps 130: Beim Herrn ist Barmherzigkeit und reiche Erlösung (GL 639);
Oder Ps 27: Der Herr ist mein Licht und mein Heil (GL 38).

Gebet

Der allmächtige Gott erbarme sich deiner. Er sei dir gnädig und nehme dich auf in sein ewiges Reich. Es behüte dich und segne uns Gott, der Barmherzige, der Vater und der Sohn und der Heilige Geist. Amen.

Vaterunser

»Gegrüßet seist du, Maria« *(wo üblich)*

Segen

Es segne uns alle der allmächtige und barmherzige Gott, der Vater und der Sohn und der Heilige Geist. Amen.

Stille

(Den Angehörigen, Freunden, Mitbewohner/innen noch Zeit lassen)

TEILWEISE NACH SR. KIRSTEN HARTLIEB

In einem Gottesdienst (Bausteine)

Hinweise

Hier geht es vor allem um die Verkündigung der Frohen Botschaft von der Auferstehung. Keine Lobreden auf den Verstorbenen, aber auch keine zu allgemeinen Worte, die für alle Sterbefälle passen.

Hilfreiche Überlegungen im Vorfeld: Welche Talente hat der/die Verstorbene besonders in der Gemeinschaft zu Hause/mit anderen Senioren und in der Öffentlichkeit eingebracht, d.h. wofür sind wir besonders dankbar? Hatte er/sie einen Taufspruch oder ein Bibelwort, das ihm/ihr am Herzen lag?

Welche Lebens- und Glaubensdaten sind wichtig?

Die Frohe Botschaft: Gottes Liebe ist größer als unsere Schuld …»Ich weiß, dass mein Erlöser lebt.«

Geeignete Einleitungen

1. Menschen, die aus der Hoffnung leben,
   sehen weiter als bis zum Tod.
   Menschen, die aus der Liebe leben,
   sehen tiefer als bis zur Trennung.
   Menschen, die aus dem Glauben leben,
   sehen alles im Glanz des ewigen Lichts.

   FREI NACH LOTHAR ZENETTI

2. Auferstehung ist unser Glaube.
   Wiedersehen unsere Hoffnung.
   Gedenken unsere Liebe.

   BÄRBEL HARTLIEF

3. Sterben heißt: Gott nimmt mich
   von einer Hand in die andere.

   ULRICH FISCHER, EV. BISCHOF VON BADEN

4. Was wir bergen in den Särgen, ist der Erde Kleid.
Was wir lieben, ist geblieben, bleibt in Ewigkeit.

5. Auf einem Grabstein in der Normandie (Abt zu Mondaye) steht:
Wanderer, der du das liest, wisse:
Der hier liegt, hat nicht aufgehört zu leben,
sondern aufgehört zu sterben.

6. Ich glaube an die Sonne, auch wenn sie nicht scheint.
Ich glaube an die Liebe, auch wenn ich sie nicht spüre.
Ich glaube an Gott, auch wenn ich ihn nicht sehe.
Ich glaube – seit der Auferstehung Christi – daran,
dass es keine Toten gibt.
Es gibt nur Lebende – hier und in der anderen Welt,
die wir erst sehen können,
wenn *unsere* Augen gebrochen sind.

7. So sind wohl manche Sachen, die wir getrost belachen,
weil unsere Augen sie nicht sehen.
MATTHIAS CLAUDIUS
(Dieser Satz ist eine gute Hilfe zum Thema »Auferstehung«)

8. Sind wir nicht unterwegs mit Heimweh im Gepäck?
Wohin denn sollten wir gehen, wenn nicht nach Hause zurück?
ANNE STEINWART

9. Im Roman »Herbstmilch« sagt die ca. achtjährige Anna beim Anblick ihrer toten Mutter:
»Warum hat die Mama Schuhe an?« Und die Tante gibt die Antwort: »Sie muss über Dornen zum Himmel gehen!«
(Ein Bild für die schweren letzten Tage; für den »Liebeskummer«, der uns unsere mangelnde Liebe bewusst werden lässt und uns im Tode oder in dem, was wir »Fegefeuer« nennen, überfällt.)

10. Unser Leben ist, aufs Ganze gesehen, unendlich verkürzt, weil viele den Glauben an ein Leben nach dem Tod verloren haben. (Laut Umfragen halten ca. 40% der Christen die Auferstehung der Toten für ein reines Wunschdenken.)

ARTHUR E. IMHOF

11. Es ist richtig: Es gibt Menschen, die nicht mehr an die Sonne glauben können, wenn es einmal Nacht wird.
Kann es nicht sein?: Ihnen fehlt die Geduld zu warten, bis der Morgen kommt.

PHIL BOSMANS

Geeignete Bibelstellen

Weish 3:	Die Seelen der Gerechten sind in Gottes Hand; sie haben nie mehr Qualen zu erdulden. In den Augen der Toren sind sie tot. Sie betrachten es als Unglück, dass sie uns verließen. Doch die Gerechten sind in Frieden: Ihre Hoffnung ist voll Unsterblichkeit. Wie Gold im Schmelzofen hat er sie erprobt und sie als vollwertiges Opfer angenommen. Alle, die auf ihn vertrauen, werden die Wahrheit erkennen und die Treuen werden in Liebe bei ihm bleiben. (Auswahl aus Weish 3,1–9c)
Röm 8,31–35.37–39:	Was kann uns scheiden von der Liebe Christi?
Röm 14,7–9.12:	Ob wir leben oder sterben – wir gehören dem Herrn.
1 Kor 15,51–57:	Verschlungen wurde der Tod vom Sieg.
Phil 3,20–21:	Unsere Heimat ist der Himmel.
Offb 21,2–7:	Der Tod wird nicht mehr sein.
Lk 7, 11–16:	Der junge Mann aus Naïn.
Lk 12,36–37:	Wartet auf die Rückkehr des Herrn.
Joh 3,16–17:	Jesus kam in die Welt, um zu retten, nicht um zu richten.
Joh 12,24–26:	Wenn das Weizenkorn nicht in die Erde fällt.
Joh 14,1–6:	Euer Herz lasse sich nicht verwirren: Glaubt an Gott und glaubt an mich.

Abschiedsfeiern

Hinweise zu den Ansprachen

1. Wenn eine Ansprache auf »sie« oder »er« formuliert wurde, dann gilt das auch umgekehrt.
2. Es erhöht die Aufmerksamkeit der Zuhörer/innen, wenn Sie das Symbol in Händen halten.

69. Im Symbol der Rose

Vorbereitung

Eine Rose.

Hinführung

Diese Rose steht für das Leben und die Liebe. Wie oft wurde der Verstorbenen eine Rose geschenkt: bei der Hochzeit, am Muttertag usw. und jetzt ein Herz (Strauß) aus Rosen auf dem Sarg (um die Urne). Heute beim Abschied soll die Rose ihr Leben widerspiegeln.

Lesungen

Röm 8,31b.35.37–39: Was kann uns scheiden von der Liebe Christi?;
Joh 15,9–12: Bleibt in meiner Liebe.

Ansprache

1. Wir schauen auf die *Blüte* der Rose: Auf den Blütenblättern liegt Sonne, Sommer, Schönheit und Zärtlichkeit: Wir danken der Verstorbenen, die sich manchmal wie ein Duft verströmte *(viele Jahre Ehe, Kinder, Enkel, ihr Engagement in verschiedenen Gemeinschaften …)*
2. Aber keine Liebe ohne Leid. Kaum nimmt man die Rose fest in die Hand, schon spürt man die *Dornen* – unsere Wellnessgesellschaft entfernt sie schon in der Gärtnerei, aber im Leben bleiben sie *(jetzt aufzählen: Krankheit, Enttäuschungen, Schicksale).*

3. Doch hier unten sind die grünen Blätter der Hoffnung, die sie so oft aufgerichtet hat und weiterkämpfen ließ. Und jetzt am Ende die starke Hoffnung, dass der Tod nicht das letzte Wort hat. »Was kann uns trennen von der Liebe Gottes?«, hieß es in der Lesung und im Evangelium: »Bleibt in meiner Liebe!« Jesus Christus hat sein Herzblut auch für sie vergossen, er wird sie in die Arme schließen, wie der verlorene Sohn in den Armen des barmherzigen Vaters aufatmete. Jesus hat sich auf diese Haltung des Vaters festnageln lassen. Darum dürfen wir sie nun loslassen und freuen uns auf ein Wiedersehen im Himmel.

(L. legt die Rose auf den Altar oder neben ihr Bild)

70. Im Symbol einer Orchidee

Vorbereitung

Eine Orchidee (aus der Wohnung/dem Zimmer der Verstorbenen).

Hinführung

Die Verstorbene liebte Orchideen. *(L. zeigt sie)* Auf jeder ihrer Fensterbänke standen sie. Darum möchte ich im Symbol der Orchidee ihr Leben einfangen.

Evangelium

Mt 5,1–12a: Die Seligpreisungen, die sich in der ewigen Sonne Gottes erfüllen.

Ansprache

(L. zeigt die Orchidee) Im Licht der Orchidee darf ich Sie einladen, über die Verstorbene nachzudenken:

1. Sie sehen die *wundervollen Blüten*: Sie blühen monatelang, und wer die Rispe über dem Auge abschneidet, darf bald neue Blüten erwarten. So hat die Verstorbene in vielfältiger Form geblüht und geliebt *(aufzählen: Liebe in der Ehe, Familie … die Enkel lagen ihr am*

Herzen. Ihre frohe Ausstrahlung wirkte bis in unsere Gemeinschaften hinein!: Genaueres aufzeigen). Dabei war sie bescheiden – wie auch die Orchidee eigentlich keiner aufwendigen Pflege bedarf.

2. Wir sehen die *Luftwurzeln:* Durch sie zieht sie den Sauerstoff in sich hinein, denn im Urwald dienen die unteren Wurzeln ja nur dazu, Halt zu finden in der Astgabel eines Baumes. So zog die Verstorbene »Sauerstoff« in sich hinein: Im Frieden der Familie, aus der Begegnung mit Menschen und Gruppierungen, besonders aber aus dem Vertrauen auf Gott und der Verehrung der Muttergottes. Wie oft nahm sie an Wallfahrten nach … *(Genaueres)* teil!
3. Die *grünen Blätter* lenken unsere Augen über den Horizont dieser Welt hinaus: Es ist die Hoffnung, dass sich jetzt die letzte Tür öffnet und Gott sie in seine Arme nimmt. Nicht umsonst wird Jesus mit ausgebreiteten Armen am Kreuz dargestellt: Er hat sich auf die Haltung seines Vaters festnageln lassen, der den verlorenen Sohn in die Arme nahm, noch *bevor* er sein Schuldbekenntnis gesprochen hatte: So dürfen wir mitten in der Trauer und dem Abschiedsschmerz voller Hoffnung nach vorne schauen, dass wir sie einmal wiedersehen.

(L. legt die Orchidee als Blumenschmuck auf den Altar.)

71. Im Symbol der Sonnenblume

Vorbereitung
Eine Sonnenblume.

Hinweis
Für eine/n Verstorbene/n, der/die die Natur liebte.

Hinführung
In Todesanzeigen ist oft kein Kreuz mehr zu sehen, sondern eine gebrochene Rose, ein Sonnenuntergang, eine geöffnete geschmiedete Tür, eine Sonnenblume …

Sie alle können das Geheimnis des Todes und unseres Glaubens aufleuchten lassen.

Evangelium

Joh 8,12 und Mt 5,14–16: Wenn wir uns an der Sonne Gottes ausrichten, werden wir zum Licht für die Welt.

Ansprache

Diese Sonnenblume kann gut dazu dienen, das Leben des Verstorbenen Revue passieren zu lassen: Er liebte die Natur und darin die Vögel, und Sie ahnen, dass die Sonnenblume nicht weit hergenommen ist.
Wer sich an der Sonne Gottes ausrichtet, wie junge Sonnenblumen, der kann selbst zur Sonne für seine Umgebung werden. *(Aufzählen: die Sonnenstrahlen in der Ehe, über den Kindern und Enkeln, bis in das Engagement vor Ort)*. Dabei vertraute er ganz Gott und der Sonne in Jesus Christus. Wir danken ihm dafür.
Wer sich an der Sonne Gottes ausrichtet, darf die Schatten hinter sich fallen lassen. Wir sündigen heute am meisten durch Unterlassung, wenn wir die offenen Wunden und Probleme gleich nebenan, aber vor allem weltweit sehen. Wir vertrauen auf die Barmherzigkeit, die wir in Jesus ablesen dürfen, und wünschen uns, dass Gott jetzt den Mantel des Verzeihens um ihn legt.
Wir meinen, die Sonnenblume stirbt, wenn sie den Kopf immer mehr sinken lässt. Aber diese Reifezeit des Lebens ist eigentlich sehr schön: Wir sehen, wie die Samenkörner, die wir ins Leben gesät haben, in den Kindern und Enkeln weiterwirken. Wie es im Lied heißt: »Niemals geht man so ganz, irgendwas von dir bleibt hier!«
So vertrauen wir Gott die Ernte des Verstorbenen an. Möge N.N. jetzt die warmen Strahlen der Liebe Gottes empfangen dürfen.

72. Im Symbol des Schmetterlings

Vorbereitung
Bild von einem Schmetterling.

Hinführung
Wer auf Todesanzeigen das Symbol des Schmetterlings abbildet, trifft ins Schwarze. Denn es gibt nichts Treffenderes, was unseren Glauben meint, als die Verwandlung im Tod.

Lesungen
1 Kor 15,42–44: Alles ist Verwandlung;
Joh 20,11–18: Halte mich nicht fest.

Ansprache
Wer würde das Wunder eines Schmetterlings für möglich halten, wenn wir es nicht in der Natur beobachten könnten?: Die Raupe auf Stummelfüßen, schutzlos und wie vom Schmerz gekrümmt im Staub der Welt unterwegs und immer Ausschau haltend: Wo finde ich etwas zum Fressen? Und zuletzt verpuppt wie in einem Sarg.
Aber die Strahlen der Sonne befreien aus dem »Sarg«, und dann schwebt der Schmetterling mit seinen Flügeln über alle Hecken und Abgründe und scheint keine Nahrung mehr zu brauchen.
Wer kann sich nicht die Zweifel einer stacheligen Raupe vorstellen, die meinte: »Was man ist, das ist man einfach. Alles andere sind Träume. Niemand kann aus seiner Haut heraus!« Aber da flog neben ihr ein wunderschöner Schmetterling auf.
Also Verwandlung im vermeintlichen Puppensarg. Wie auch Jesus nicht im Grab blieb: »Gesät wird ein irdischer Leib, auferweckt ein überirdischer«, so hörten wir eben. So wünschen wir uns den Verstorbenen: lebendig und liebenswert und schmetterlingshaft schön über Raum und Zeit in der herrlichen Sonne Gottes.
Trotzdem dürfen wir beim Abschied seine schmetterlingshaften Augenblicke im Leben aufspüren *(alles Positive, Liebenswürdige auf-*

zählen), aber auch die Zeiten nicht vergessen, in denen er mühselig und manchmal gekrümmt im Staub unserer Welt unterwegs war *(andeuten …).*

Jetzt müssen wir loslassen. Im Evangelium hörten wir, wie Maria Magdalena Jesus festhalten will. Aber er verweigerte sich: »Rühr mich nicht an!« – wie wir auch einen Schmetterling zerstören, wenn wir das zarte Gebilde aus buntem Staub festhalten wollen. Doch die Sehnsucht auf eine schmetterlingshafte Zeit darf auch in uns wachsen: Wenn wir alle einmal aus der Enge des irdischen Kokons herausschlüpfen, dann beginnt die Hoch-Zeit bei Gott, das himmlische Hochzeitsmahl.

So bitten wir für den Verstorbenen und uns selbst: »Herr, lass uns Flügel wachsen, die uns aus Krankheit, Not und Zweifel in deine Herrlichkeit tragen, und schenke uns das Wiedersehen!«

(L. lehnt das Schmetterlingsbild gegen den Kerzenleuchter auf dem Altar)

73. Im Symbol des Stundenglases

Vorbereitung

Ein Stundenglas.

Hinführung

(L. zeigt das Stundenglas:) Unsere Armbanduhren täuschen: Da drehen sich die Zeiger immer rund, als wenn wir ewig leben. Aber dieses Stundenglas zeigt: Es gibt für jeden Menschen nur eine begrenzte Zeit: N.N. durfte … Jahre alt werden.

Lesungen

Weish 4,7–15: Ehrenvolles Alter wird nicht an der Zahl der Jahre gemessen;

Mt 25,31–40: Das Weltgericht fragt nach der Liebe.

Ansprache

1. In der oberen Hälfte *(L. zeigt wieder das Glas)* müssten kleine Goldkörner sein: Denn jeder Augenblick des Lebens ist kostbar. Das weiß jeder ältere Mensch, der mit einem Danke morgens auf der Bettkante beginnen darf, weil alle Sinne funktionieren. So ein »Danke« bewahrt vor Unzufriedenheit. Danken möchten wir dem Verstorbenen *(Genaueres aufzählen)*. Manche Körnchen gingen nur schwer und ächzend in die untere Hälfte *(jetzt von den Nöten in seinem Leben erzählen)*.
2. In der unteren Hälfte müssten ebenfalls Goldkörnchen sein; sie sind noch wichtiger als die obigen. Wir haben es im Evangelium gehört: Nicht die Goldkörner auf der Bank sprechen uns im Gericht Gottes frei; sondern da zählt auch noch die Liebe. Haben wir im Vertrauen auf Gott nach rechts und links Liebe spüren lassen? Und das ist die befreiende Botschaft Jesu: Wenn du feststellst, dass du zu wenig geliebt hast, darfst du die Barmherzigkeit Gottes anrufen, die bei Gott höher steht als Gerechtigkeit. Unsere Zeit liegt in Gottes Händen. Wir wissen nicht, wie lange die Körnchen unserer Zeit noch rinnen: Nur die Liebe zählt! Nur so können wir die Körnchen unserer kostbaren Zeit in Goldkörner für die Ewigkeit verwandeln. *(L. stellt das Stundenglas auf den Altar.)*

74. Im Symbol einer Kerze

Vorbereitung

Eine Kerze und kleine Vigilkerzen für jede/n, das Beerdigungsinstitut stellt einen Behälter mit Sand neben das Bild des Verstorbenen.

Hinführung

Wenn ein plötzlicher gewaltsamer Tod die Menschen bewegt, dann legen sie Blumen an die Stelle des Unglücks ab oder sie entzünden Kerzen. So steht die Osterkerze unübersehbar hier vorne als Symbol der Hoffnung für die Auferstehung im Tod. Gleich werden wir unsere Kerzen an ihr entzünden als äußeres Zeichen dafür, dass das Licht Jesu alle Finsternis besiegt.

Lesungen

1 Joh 3,14–16: Wer nicht liebt, bleibt im Tod;
Joh 11,21–27: Ich bin die Auferstehung und das Leben, oder
Joh 8,12: Wer mir nachfolgt, wird das Licht des Lebens haben.

Ansprache

(L. entzündet eine Kerze an der Osterkerze:)

1. »Wer sein Leben gewinnen will, muss sich verzehren«, hat Jesus einmal sinngemäß gesagt. So hat die Verstorbene sich im Leben wie eine Kerze verzehrt; manchmal hat sie ganz still gebrannt und gewärmt *(jetzt Beispiele aufzählen aus Familie, Nachbarschaft …)*; sie leuchtete auch bis in ihre Umgebung *(jetzt ihr Engagement in Gemeinschaften und Vereinen aufzählen)*. »Wer nicht liebt, bleibt im Tod«, hieß es eben in der Lesung, ja, wer nicht liebt, erfriert langsam nach innen. Weil sie sich von Jesus anstecken ließ, wurde sie selbst zum Licht in ihrer Umgebung. Dafür danken wir ihr.
2. Kerzen spielen im Leben eines Christen immer wieder eine Rolle. Wir dürfen ein paar Stationen des Lebens von N.N. ausleuchten: Da war die Taufkerze, die einlud, ein Kind des Lichtes zu werden. Dann die Kommunionkerze an dem unbeschwerten schönen Fest, das die Freundschaft mit Jesus intensivieren will. Schließlich die Ehekerze, die Jesus als Dritten im Bund sah (die Kerze zur Goldhochzeit usw.?) Und schließlich die Kerze am Krankenbett, die daran erinnern will, dass das Licht von Jesus alle Finsternis besiegen kann. So nehmen wir dankbar von ihr Abschied und empfehlen sie dem ewigen Licht Gottes, das führt in die Herrlichkeit Gottes.

(L. steckt jetzt seine brennende Kerze in den Behälter mit Sand nahe dem Bild der Verstorbenen. Jetzt oder am Ende der Liturgie können alle mit ihren Kerzen nach vorne kommen, sie am Licht der kleineren Jesus-Kerze entzünden und dann ihre Kerze auch in den Sand stecken.)

Das Licht Gottes besiegt alle Finsternis.

75. Im Symbol des Engels

Vorbereitung

Ein Engel (wenn möglich, aus dem Besitz der/des Verstorbenen).

Hinführung

Auf vielen Gräbern stehen Engel, manche naturgroß; sie erinnern an die Verstorbene oder an den Engel, der sie über die Schwelle des Todes tragen soll: der Todesengel.

Evangelium

Joh 14,1–3: Im Haus meines Vaters sind viele Wohnungen.

Ansprache

(L. zeigt den Engel:) Jeder Mensch, so sagt unser christlicher Glaube, hat einen Schutzengel: Er wird im Tod zum Todesengel, der uns durch den engen Tunnel ins herrliche Licht Gottes begleitet – wie viele klinisch Tote ja auch vom Licht am Ende des Tunnels sprechen. Dieser Gedanke hat auch von der Bibel her eine Berechtigung: So wurde der arme Lazarus von Engeln in den Schoß Abrahams getragen, also »nach Hause« oder in die »Wohnungen Gottes« – wie Jesus das im Evangelium versprochen hat.

Dieser Engel (aus ihrem Zimmer oder ihrer Wohnung) soll uns aber auch an all das Engelhafte erinnern, das wir bei Frau N.N. erfahren durften: Sie war ein Mensch mit Herz, und wenn Sie ein großes Herz hinter einen Menschen halten, dann sieht das von vorne wie ein Mensch mit Flügeln, wie ein Engel, aus (vgl. Zeichnung S. 74). Sie schenkte anderen Flügel, wenn sie … *(aufzählen).* Und wo sie hinter ihren Möglichkeiten blieb, wo ihr manches Mal selber die Flügel fehlten, um die Hindernisse zu nehmen, da rufen wir die Barmherzigkeit Gottes an.

So trage sie, heiliger Engel, jetzt in die ewigen Wohnungen Gottes.

(L. stellt den Engel neben das Bild der Verstorbenen)

76. Im Symbol der Mutter Gottes

Vorbereitung

Eine Figur oder ein Bild der Gottesmutter (evtl. sogar aus der Wohnung der Verstorbenen).

Hinführung

Oft sehen wir auf der Vorderseite eines Totenzettels ein Marienbild. In vielen Kirchen gibt es die sogenannte Pietà, die Gottesmutter, die auf ihrem Schoß den toten Sohn trägt. Vor ihr brennen fast immer Kerzen, die sie in einem Anliegen um ihre Fürsprache bitten. Auch wir wollen sie heute bitten.

Lesungen

Jes 66,10–14: Wie eine Mutter, so tröste ich euch;
Lk 1,47–50: Er erbarmt sich von Geschlecht zu Geschlecht.

Ansprache

Das Hoffnungsbild der Pietà, der Mutter Maria mit dem toten Sohn auf dem Schoß, kam im Mittelalter auf, als die Pest wütete und oft die Hälfte aller Bewohner in den Städten und Dörfern wegraffte. Das war damals ein Sterben ins Grauen. Das Bild der Gottesmutter sollte der Trost sein: Wir sterben in die mütterlichen Arme Gottes hinein. So wie wir aus dem Schoß der Mutter kamen, so werden wir im Tod in den mütterlichen Schoß Gottes hineinfallen.

N.N. war eine große Marienverehrerin. Wie oft hat sie im Ave Maria den Satz über die Lippen gebracht: »jetzt und in der Stunde *unseres* Todes«! So wie Maria im Vertrauen auf Gott die Freuden und Schmerzen ertrug, so hat die Verstorbene im Vertrauen auf Gott das Leben gemeistert *(jetzt von Höhen und Tiefen ihres Leben berichten).*

Wer so Maria nachgefolgt ist und auch auf ihre Weisung »Was er, mein Sohn, euch sagt, das tut!« hörte, den nimmt Maria jetzt auch in die Arme und trägt sie zu ihrem Sohn. Wenn dem reuigen Verbrecher am Kreuz zugesagt wurde: »Heute noch wirst du mit mir im Paradiese sein« (Lk 23, 43), dann dürfen Menschen, die sich bemüht haben, im Vertrauen auf die Barmherzigkeit Gottes voller Zuversicht den letzten Weg antreten.

So dürfen auch wir bitten: »Heilige Maria, Mutter Gottes, bitte für uns Sünder – jetzt und in der Stunde unseres Todes!«

IV. Festansprachen zu Jubiläen

77. Im Symbol des Baumes

Vorbereitung
Ein großer Baum mit Wurzeln, Stamm und Ästen ist aufgemalt. In der Nähe der Wurzel ist eine große Hand (= Gott). Unten am Stamm ein Christuszeichen, darüber die Namen oder Bilder der Seelsorger/innen, aber auch der Leiterin/des Leiters des Seniorenkreises usw. Auf den Ästen stehen die Namen (Bilder) der Helfer/innen. Jede/r Teilnehmer/in schreibt beim Eintreten auf ein vorbereitetes Blatt in Grüntönen seinen/ihren Namen und heftet es an den Baum. Weiterhin können auf Früchten des Baumes Bilder von Ausflügen usw. zu sehen sein; auf den Blüten Ereignisse der letzten Wochen. Die Jubiläumszahl kann groß in oder neben der Baumkrone angebracht sein.

Ansprache
Als lebendiges Zeichen für unsere Gemeinschaft sehen Sie einen Baum. Damit er atmen kann, haben Sie sich schon mit Ihrem Namen als Blatt in seine Äste gehängt. Der Baum braucht die Blätter, wenn er immer wieder die verbrauchte Luft in Leben spendenden Sauerstoff verwandeln will, damit wir hier durchatmen und uns wohl fühlen können. Aber ohne Äste haben die Blätter keine Chance, getragen zu werden; darum hier ein Dankeschön an all die ehrenamtlichen Helfer/innen, die unsere Treffs organisatorisch tragen und für ein gutes Miteinander sorgen.
Das geht vom ... bis zum Hausmeister, der diesen Raum so oft ansprechend vorbereitet.
Was wären die Äste ohne Stamm?! So freuen wir uns besonders über ..., der unseren Seniorenkreis jetzt ... Jahre leitet *(Jubiläum?)* und immer wieder das richtige Händchen beweist ...
Bei dieser Gelegenheit darf ich auch noch einmal die Namen der Leite-

rinnen und Leiter nennen, die zuvor die Würde und die Bürde unseres Seniorenkreises trugen …
Wir sind und waren aber immer schon der Kirche eng verbunden, in deren Räumen wir uns ja treffen. Wir sind davon überzeugt, dass die Worte und Taten – gewissermaßen die Säfte des Baumes – uns allen Kräfte und neuen Mut schenken. Sie fließen letztlich aus Jesus Christus, der uns ja aufgetragen hat, mit ihm – wie der Weinstock mit den Reben – verbunden zu bleiben. Darum versammeln wir uns regelmäßig zu … in der Kirche, damit wir seinen Geist einatmen können. Dieser Geist bewirkt ja auch die Versöhnung, wenn wir uns mal zusammenraufen müssen; gibt aber auch unseren Festen den frohen, freien Klang, die gute Stimmung. Und dass unser Baum nicht in einem Sturm umfällt, dafür steht als Garant unser Vertrauen auf Gott, das heißt, das sind die Wurzeln dieses Baumes.
So freuen wir uns über … *(Jubiläumszahl)* und hoffen, dass wir uns noch viele Jahre hier wiedersehen.

78. Im Symbol eines alten Wagenrades

Vorbereitung
Ein großes (eventuell aus Styropor angefertigtes) Wagenrad hängt an der Wand. Auf der Nabe ist ein Christuszeichen befestigt oder der Name oder das Bild der Leiterin/des Leiters des Seniorenkreises; auf der Felge rundum Bilder von den Ereignissen, wie Ausflügen und Feiern, in denen Gemeinschaft spürbar wurde.
(Natürlich können auf der Nabe des Rades auch z.B. die Namen der ehemaligen Leiter/innen des Seniorentreffs stehen.) Über dem Rad steht die Zahl des Jubiläums und der Name.

Ansprache
Ein (altes) Wagenrad schmückt die Stirnseite unseres Saales und verrät sogleich, was wir in Dankbarkeit feiern. Außen auf der Felge sehen Sie all die vielen Aktivitäten, die uns zusammenführen … Aber sie wären

nicht möglich, wenn es nicht die Speichen gäbe, die diese Felgen tragen. Darum hier ein herzliches Dankeschön an all die Helfer/innen, die immer wieder diese Treffs und Feste vorbereiten. Hoffentlich ahnen Sie, wie viel Handgriffe da bereits gemacht wurden, bevor Sie hier eintreffen. Was aber wären die Speichen ohne die Nabe, die sie zusammenhält? Die »Kommandozentrale«, die Regie, die alles koordiniert, liegt in den bewährten Händen von N.N. Weil wir ein Jubiläum feiern, darf ich auch noch die Namen der ehemaligen Leiter/innen nennen, in deren Reihe sie/er steht.

Mit der Nabe als »Zentrale« meine ich aber noch mehr, wer uns in der Kirche zusammenhält – wir sind ja hier eine von vielen Gruppierungen in unserer/n christlichen Gemeinde/n. Das ist vordergründig unser Gemeindeleiter; aber dahinter steht ja noch einer, auf den wir uns alle ausrichten, der oberste Hirte, der uns leitet: Jesus Christus. Er hält eigentlich die Speichen und gibt Mut, bei Enttäuschungen nicht alles hinzuwerfen. Wer diese Mitte in Jesus Christus verlagert, der gerät ins Schleudern: Das Rad eiert. Dann wird nämlich gerechnet, belauert und hintenherum geredet und gehandelt. Je mehr wir aber versuchen, der Mitte in Jesus Christus näher zu kommen, umso mehr nähern sich auch die Speichen einander. Wir können uns in seinem Geiste immer neu auf den Weg machen.

Sie wissen, wie beim Drehen des Rades die Speichen belastet oder entlastet werden. Da halten Arbeit und Ruhe einander die Waage. So ist das auch richtig, wenn hier die Lasten auf viele Schultern verteilt sind. In diesem Geben und Nehmen, im Nehmen und Geben bleiben wir eine gesunde Gemeinschaft und hoffen, dass wir uns hier noch viele Jahre wiedersehen dürfen. Darum lasst uns jetzt feiern …

79. Vom tröstlichen Sinnbild der Liebe (Ehejubiläum)

Vorbereitung

Ein Myrtensträußchen oder -bäumchen. (Vorher klären, ob die Jubilare sich schon ein Sträußchen angesteckt haben.)

Lesungen

Ex 3,1–14: Ich bin der »Ich bin da« für euch;
Mt 28,16–20: Ich bin bei euch alle Tage.

Ansprache

(L. zeigt das Myrtensträußchen:) Dieses Myrtensträußchen möchte ich Ihnen an Ihrem Festtag schenken. Myrte hat Sie vielleicht schon einmal begleitet: bei der Erstkommunion, im Brautstrauß; ja, ich habe sie auch mal als Myrtenkränzchen auf der Brust eines Täuflings gesehen. Die Myrte steht für die Liebe des Menschen und hat eine lange Tradition, die bis in die Römerzeit zurückreicht, in der die Liebes- und Ehegöttin Aphrodite mit Myrte abgebildet wurde. Schauen wir näher hin. Drei Gedanken dazu:

1. Wenn die Myrte erblüht, überzieht sie ein weißer, zarter Blütenflor, der an jugendliche Anmut erinnert. Friedliche Gedanken breiten sich bei ihrem Anblick in uns aus. So lässt sich erklären, dass früher Soldaten, die ohne Blutvergießen aus einem Krieg mit friedlichem Ausgang zurückkehrten, Myrtenzweige in den Händen trugen (andernfalls mit Lorbeer bekränzt). Die Blättchen duften auch, wenn man sie zwischen den Fingern reibt. – Auf diesem Hintergrund dürfen Sie jetzt an die schönen Stunden Ihres Miteinanders denken *(Genaueres!)*.
2. Wer aber die Früchte der Myrte kostet, merkt, wie bitter sie schmecken. Auch Ihnen sind Enttäuschungen und Leid nicht erspart geblieben.
   Wir erinnern uns an … *(Genaueres!)*.
3. Nun zu den immergrünen Blättern der Myrte, Symbol für Ihre Treue durch … Jahre, aber auch für die Hoffnung. In guten und bösen Tagen brauchen wir die Hoffnung auf bessere Tage nicht aufzugeben, weil wir mit den Augen des Glaubens ja weiter sehen dürfen. Wir haben es in den Lesungen gehört: Die unsichtbare Gegenwart unseres Gottes begleitet uns; eines Gottes, der überall für uns da ist und der uns in seinem Sohn gezeigt hat, wie groß seine Liebe zu den Menschen ist.

> Von dieser großen Hoffnung spricht auch eine alte Legende: Als die ersten Menschen aus dem Paradies vertrieben waren, zeigte Gott Mitleid mit ihrer Traurigkeit und Verzweiflung und gab ihnen einen kleinen Trieb des Myrtenbäumchens mit, das ja in wärmeren Gegenden zu einem Baum wachsen kann, dessen Krone bis zu drei Meter Durchmesser erreicht. Und dann sagte er zu den Menschen: Wenn die Myrte blüht, dann denkt an den großen Frieden, der einmal war und wieder einmal sein wird. Auch die bitteren Früchte bleiben euch nicht erspart. Aber die immergrünen Blätter nähren eure Hoffnung auf bessere Tage, weil ich, der Herr, euch nicht aus meiner Hand fallen lasse.

So sage ich Ihnen heute auch im Namen unserer Pfarrgemeinde herzlichen Dank für Ihre Liebe, Treue und Versöhnungsbereitschaft. Die jungen Menschen brauchen ein solches Zeugnis zur Orientierung. Vielleicht geben Sie diesem Myrtensträußchen (-bäumchen) einen Ehrenplatz, damit es für Sie in schönen und schweren Tagen ein tröstliches Sinnbild der Nähe und Liebe Gottes ist.

NACH EINEM ENTWURF VON BARTHEL HELD, BERGHEIM

80. Danke für den Prozess der Reife (Ehejubiläum)

Symbol/Vorbereitung

Eine Flasche (Mess-)Wein als Geschenk.

Lesungen

1 Kor 13,4–8a.13: Was Liebe alles vermag;
Joh 2,1–11: Die Hochzeit in Kana.

Ansprache

Ein meist willkommenes Geschenk *(L. zeigt die Flasche Wein oder packt sie aus)* darf ich Ihnen im Namen unserer Gemeinde überreichen: einen guten Tropfen aus ... Damit möchte ich drei Gedanken verbinden.

1. Wie der Wein braucht auch die Ehe den Prozess der Reife. Sie wissen: Einen guten Tropfen kann man nicht erzwingen, er ist letztlich ein Geschenk! Denn er hat die Sonne und den Regen nötig; die Reben mussten geschnitten und geschützt werden, dann folgten die Ernte und der mühsame Prozess der Gärung im Keller – vom süßen Traubensaft über den gärenden Federweißen bis zu diesem wunderbaren Endprodukt.
   So haben auch Sie einen Prozess durchlaufen *(hier Konkretes aus dem Leben des Paares einbauen!)* – vom ersten Kennenlernen bis zur Gewissheit: Wir lieben uns! Es wechselten gute und schlechte Zeiten mit Freuden, Prüfungen und Krankheiten. Vielleicht grollte dazwischen auch mal der Donner, wenn es zum Davonlaufen war, bis die Sonne der Versöhnung oder des Glücks sich wieder hinter den Wolken zeigte. An Kindern ist der Gärungsprozess oft am ehesten zu erkennen: Wie süß sind sie, solange sie noch klein sind, und wie türmen sich später vielleicht Probleme, und viel Geduld ist oft nötig. Doch in der Lesung hörten wir: Die Liebe erträgt alles! So ist es letztlich ein Geschenk, die frohen und dunklen Stunden bestanden zu haben, in denen Ihre Liebe reifte. Und das feiern wir heute voller Dankbarkeit und Freude. Wenn Sie demnächst diesen guten Tropfen hier genießen, dann nehmen Sie sich vor, einander weiter alles zuzutrauen und so wie der Wein mit den Jahren immer besser zu werden und – der schrecklichen Gefahr zu entgehen, im Alter in Essig umzuschlagen.
2. Es gibt Ehen, denen ist der Wein ausgegangen. Da ist oft bitterer, scharfer Essig zu spüren; oder der Ehekrug ist gefüllt mit Tränen der Enttäuschung, der Bitterkeit und Sprachlosigkeit. Aber um dagegen gewappnet zu sein, genau deshalb sind Sie damals an den Altar getreten: um dem alles zuzutrauen, der Dauergast in Ihrer Ehe sein will und der auch heute noch Wasser in Wein verwandeln kann. Kluge Leute haben einmal ausgerechnet, wie viele Liter Wasser in den sechs steinernen Krügen waren, und kamen auf insgesamt 720 Liter verwandelten Wein. Dabei müssen Sie allerdings bedenken, dass damals das ganze Dorf mitfeierte. Trotzdem über-

rascht uns diese Lebensbejahung Jesu Christi. Der Kirchenvater Hieronymus hat es einmal so ausgedrückt: »Wir trinken heute noch alle davon!« Und dazu darf ich Sie einladen: Jesus alles zuzutrauen und ihn weiter als Dritten im Bunde zuzulassen, damit alles leichter gelingt.

3. *(L. zeigt wieder die Weinflasche)* Diese Flasche Wein ist eine besondere – sie enthält Messwein. Messwein muss naturrein sein, also ohne jeden Zusatz zubereitet. Damit möchte ich noch die beiden folgenden Gedanken verbinden: Gießen Sie sich erstens in Gesprächen und Absichten immer *reinen* Wein ein. Letztlich weiß dann jeder besser, wo er dran ist. Und zweitens: Die Begegnung mit dem verwandelten Wein, den Sie nachher beim Abendmahl/bei der Kommunion kosten dürfen, bedeutet ja auch immer die Begegnung mit dem Herrn der Welt, unserem Schöpfer und Erlöser. Hier dürfen wir uns immer verwandeln lassen, um mit neuer Kraft und neuer Liebe in den Alltag zu gehen, damit unser Miteinander mehr Hoffnung hat.

Also danke, dass Sie den Prozess zur Reife mitgegangen sind; danke für Ihre Liebe in guten und schlechten Tagen und danke dem, der die Wasser mancher Enttäuschung wieder in guten Wein verwandeln kann.

V. Kurzgeschichten für verschiedene Anlässe

Gute Geschichten spiegeln das Leben wider und sie prägen sich ein. Sie können einem Seniorentreff mehr Qualität schenken, im Gottesdienst nachhaltige Akzente setzen oder beim »Gute-Nacht-Gruß« im Seniorenheim das »Betthupferl« sein.

Advent / Weihnachten

81. Zünde mich an

Hinführung: Wenn wir im Leben etwas Licht gespendet haben, waren wir nicht umsonst auf dieser Welt. Und unser Miteinander etwas freundlicher machen, das können wir auch jetzt noch.

Das Zündholz sprach zur Kerze: »Ich habe den Auftrag, dich anzuzünden.«
»Nur das nicht«, sagte die Kerze ganz verängstigt. »Wenn ich brenne, sind meine Tage gezählt, und niemand wird künftig meine Schönheit bewundern.«
Das Zündholz gab zu bedenken: »Anzünden ist das Einzige, was ich kann. Zünde ich nicht an, verpasse ich meinen Auftrag und gehe an meiner eigentlichen Bestimmung vorüber.«
»Gut, das sehe ich ein«, meinte die Kerze, »aber was hat das mit mir zu tun?«
»Du bist eine Kerze, dazu bestimmt, Licht zu spenden. Willst du denn dein Leben lang kalt und starr bleiben, ohne deine Aufgabe erfüllt zu haben?«
»Aber brennen tut doch weh«, seufzte die Kerze. »Und wenn du mich anzündest, schwinden meine Kräfte dahin.«
»Ja, das stimmt«, gab das Zündholz zu. »Aber ist es nicht das Geheim-

nis unserer Berufung, Licht zu spenden? Du sollst für andere leuchten. Alles, was du an Schmerz erfährst und an Kraft verlierst, wenn du dich in der Flamme verzehrst, wird in wärmendes Licht verwandelt, an dem sich viele erfreuen werden. Wenn du dich aber versagst, breitet sich Finsternis aus, dort, wo du stehst.«
Da besann sich die Kerze eine Weile, dann spitzte sie ihren Docht und sprach voller Erwartung: »Zünde mich an!«

Weiterführung: Jeder Tag bietet die Gelegenheit, ein wenig Licht zu spenden – und sei es durch ein Lächeln.

Hinweis: Vielleicht erhält jeder eine kleine Kerze, die nach dem Vorlesen der Geschichte entzündet wird.

82. Der Blick auf die Sterne hilft über Abgründe

Hinführung: Wir sehen im Advent so viele leuchtende Sterne in den Straßen, aber noch mehr ganz oben am Firmament. Die Sterne unten heben unsere Stimmung, der Blick auf die Sterne ganz oben hilft uns aber leichter über all die Dunkelheiten in unserer Welt hinweg.

In einem alten Film war zu sehen:
Ein Seiltänzer wollte gerade auf das Seil über den weiten Marktplatz treten, als er einen kleinen Jungen erblickte, der ihm nachgestiegen war. »Was willst du hier oben?« Der Junge antwortete: »Ich möchte mit dir über das Seil.« »Hast du denn keine Angst?« Der kleine Kerl antwortete: »Nicht, wenn ich bei dir bin!«
Da hob der Mann das Kind auf seine Schulter und ging mit ihm Schritt für Schritt über das Seil. Und damit das Kind nicht Angst bekam vom Blick in die Tiefe und der großen Gefahr, sagte er zu ihm: »Schau einmal, wie schön dort oben die Sterne leuchten!« Und solange der Junge hineinschaute in den Glanz der leuchtenden Sterne, dachte er nicht an die dunkle Gefahr in der Tiefe und ließ sich über das Seil tragen.

Weiterführung: Es nimmt auch uns die Angst, wenn wir auf die Sterne schauen, die an Weihnachten über der Krippe leuchten.

83. Die kleine Leuchte

Hinführung: Wir brauchen keine Superstars mehr zu sein, die es ab und zu in die Schlagzeilen schaffen. Es genügt, da wo wir stehen, die Welt etwas heller zu machen.

Es war einmal eine kleine Leuchte. Sie verbreitete ein freundliches, kleines Licht. Immer, wenn die Menschen sich nach Wärme, Geborgenheit, Gemütlichkeit sehnten, zündeten sie diese kleine Leuchte an. Die Menschen fühlten sich wohl in ihrem Licht. Und auch sie war mit sich und der Welt zufrieden – bis zu dem Augenblick, als sie entdeckte, dass es hellere Lichter gab als ihres.

Da wurde sie traurig. »Ich bin ja nur eine kleine Leuchte!«, sagte sie – und schämte sich vor den dicken Glühbirnen, grellen Scheinwerfern und hellen Neonröhren. »Eine kleine, trübe Funzel bin ich«, klagte sie und träumte davon, auch einmal so hell zu leuchten wie die dicke Glühbirne, so weit zu scheinen wie der Scheinwerfer, so weißes Licht zu verströmen wie die Neonröhre. »Könnte ich doch auch so eine große Leuchte sein«, seufzte sie.

Gott hörte ihr Seufzen – und erhörte sie. Er verwandelte die kleine Leuchte in ein helles Licht.

War das eine Freude: In alle Ecken, die ihr bisher verborgen waren, kam sie mit ihrem Licht; jeden Winkel konnte sie ausleuchten; nichts blieb ihr mehr verborgen.

»Endlich ein großes, ein helles Licht!«, jubelte sie eitel – und sie wartete darauf, dass auch die Menschen sie bewunderten ob ihres hellen Lichtes.

Aber das war gar nicht der Fall. Sie leuchtete in ein Zimmer, in dem ein kleines Kind war. Als man das Licht anstellte und sie zu leuchten anfing, fing das Kind an zu schreien, so geblendet war es. Man wechselte

die helle Leuchte gegen eine kleine Leuchte aus, und das Kind wurde ruhig.
Dann kam sie als helle Deckenleuchte in ein Krankenzimmer. Ganz enttäuscht war sie, als die Patienten baten: »Schwester, machen Sie bitte das grelle Licht aus, das tut ja weh!« Und die Schwester schaltete das helle Licht aus und machte die kleine Leuchte über dem Bett an. »Ja, so ist es schön«, sagten die Patienten zufrieden.
Und die kleine Leuchte, die nun ein grelles Licht war, sehnte sich danach: Wäre ich doch wieder eine kleine Leuchte, dann könnte man sich in meiner Umgebung wenigstens wohlfühlen – und ich könnte meine kleinen Schwestern und Brüder warnen.

Weiterführung: Ob wir uns als große oder kleine Leuchte einstufen, ist nicht entscheidend. Denn es gilt, was der Pfarrer von Ars einmal sagte: Du bist nur das, was du vor Gott bist – nicht mehr und nicht weniger.

84. Staunen in der Straßenbahn

Hinführung: Im Advent bemühen sich viele mehr als sonst im Jahr, durch Geschenke und Aufmerksamkeiten Freude zu bereiten. Wir hören eine besonders originelle Begebenheit.

Linie 13 in Köln. Montagmorgen. 08.07 Uhr
»Fahrscheine bitte!« Neben mir sitzt eine alte kleine Dame – bestimmt schon über 80 Jahre. Und während ich in meiner Tasche nach meinem Ticket krame, sitzt sie regungslos da.
»Werte Frau, Ihren Fahrschein bitte!« Die alte Dame schaut den Kontrolleur an. Sie lächelt. »Ich habe keinen. Ich fahre gerade zu meinen beiden Engelchen nach Mülheim. Schauen Sie, ich könnte Ihnen jetzt sagen, dass der Fahrscheinautomat viel zu kompliziert ist. Oder vorgeben, ich sei verwirrt. Oder einfach sagen, ich leide an Demenz. Wahrscheinlich würden Sie mir glauben. Die Wahrheit ist aber, dass wir Ende des Monats haben. Das Geld hat schlicht nicht ausgereicht für ein

Ticket. Da ich die Kleinen aber unbedingt sehen wollte, bin ich das Risiko eingegangen.«

Der Kontrolleur ist sichtlich überrascht, ihm fehlen die Worte. »Mir ging es in meinem Leben schon weitaus schlechter«, fährt die Dame fort, »aber gelogen habe ich noch nie. Junger Mann, schreiben sie mich ruhig auf.« Sie hält ihm ihren Personalausweis hin.

Der Kontrolleur schaut jedoch nicht auf den Ausweis. Er blickt der Dame in die Augen. Holt tief Luft. Und dreht sich um. Er geht zum Ticketautomaten und öffnet sein eigenes Portemonnaie. Nach ein paar Sekunden kommt er wieder zurück. »Ich habe Ihnen ein Ticket gekauft – es gilt für vier Fahrten. Damit können Sie Ihre Enkel diese Woche zweimal sehen.« Jetzt ist die alte Dame sprachlos.

Weiterführung: Ehrlichkeit kann entwaffnend sein!

85. Schuster Konrad

Hinführung: In jedem Menschen kann ich Gott begegnen. Wenn wir nach dem Gottesdienst auf die Straße treten. Wie sehr kann diese Einsicht alles verändern?!

An diesem Morgen war Konrad, der Schuster, schon sehr früh aufgestanden, hatte seine Werkstatt aufgeräumt, den Ofen angezündet und den Tisch gedeckt. Heute wollte er nicht arbeiten. Heute erwartete er einen Gast. Den höchsten Gast, den ihr euch nur denken könnt. Er erwartete Gott selber. Denn in der vorigen Nacht hatte Gott ihn im Traum wissen lassen: Morgen werde ich zu dir zu Gast kommen. Nun saß Konrad also in der warmen Stube am Tisch und wartete, und sein Herz war voller Freude. Da hörte er draußen Schritte, und schon klopfte es an der Tür.

»Da ist er«, dachte Konrad, sprang auf und riss die Tür auf. Aber es war nur der Briefträger, der von der Kälte ganz rot und blau gefrorene Finger hatte und sehnsüchtig nach dem heißen Tee auf dem Ofen schielte.

Konrad ließ ihn herein, bewirtete ihn mit einer Tasse Tee und ließ ihn sich aufwärmen.
»Danke«, sagte der Briefträger, »das hat gut getan.« Und er stapfte wieder in die Kälte hinaus.
Sobald er das Haus verlassen hatte, räumte Konrad schnell die Tassen ab und stellte saubere auf den Tisch. Dann setzte er sich ans Fenster, um seinem Gast entgegenzusehen. Er würde sicher bald kommen.
Es wurde Mittag, aber von Gott war nichts zu sehen.
Plötzlich erblickte er einen kleinen Jungen, und als er genauer hinsah, bemerkte er, dass dem Kleinen die Tränen über die Wangen liefen. Konrad rief ihn zu sich und erfuhr, dass er seine Mutter im Gedränge der Stadt verloren hatte und nun nicht mehr nach Hause finden konnte. Konrad legte einen Zettel auf den Tisch, auf den er schrieb: Bitte, warte auf mich. Ich bin gleich zurück! Er ließ seine Tür unverschlossen, nahm den Jungen an der Hand und brachte ihn nach Hause.
Aber der Weg war weiter gewesen, als er gedacht hatte, und so kam er erst heim, als es schon dunkelte. Er erschrak fast, als er sah, dass jemand in seinem Zimmer am Fenster stand. Aber dann tat sein Herz einen Sprung vor Freude. Nun war Gott doch zu ihm gekommen.
Im nächsten Augenblick erkannte er die Frau, die oben bei ihm im gleichen Hause wohnte. Sie sah müde und traurig aus. Und er erfuhr, dass sie drei Nächte lang nicht mehr geschlafen hatte, weil ihr kleiner Sohn Petja so krank war, dass sie sich keinen Rat mehr wusste. Er lag so still da, und das Fieber stieg, und er erkannte die Mutter nicht mehr. Die Frau tat Konrad leid. Sie war ganz allein mit dem Jungen, seit ihr Mann verunglückt war.
Und so ging er mit. Gemeinsam wickelten sie Petja in feuchte Tücher. Konrad saß am Bett des kranken Kindes, während die Frau ein wenig ruhte.
Als er endlich wieder in seine Stube zurückkehrte, war es weit nach Mitternacht. Müde und über alle Maßen enttäuscht legte sich Konrad schlafen. Der Tag war vorüber. Gott war nicht gekommen.
Plötzlich hörte er eine Stimme. Es war Gottes Stimme. »Danke«, sagte die Stimme, »danke, dass ich mich bei dir aufwärmen durfte – danke,

dass du mir den Weg nach Hause zeigtest – danke für deinen Trost und deine Hilfe – ich danke dir, Konrad, dass ich heute dein Gast sein durfte.«

Weiterführung: Wenn die Mitschwestern von Mutter Teresa müde von ihrer Arbeit zurückkamen – schreiende beschmutzte Kinder aus den Müllbergen gezogen oder Sterbende am Straßenrand ein paar Stunden in den Tod begleitet hatten –, dann nahm sie manchmal die Hand einer Schwester, ging die Finger ab und sagte: »Jesus spricht: ›Das – hast – du – mir – getan.‹« Die heilige Fünffingerregel.

86. Die vergoldeten Nüsse

Hinführung: Wir haben im Leben schon erfahren, dass alles Schöne, das uns in die Augen sticht, innerlich hohl sein kann.

Dem kleinen Ben stachen die vergoldeten Nüsse am Weihnachtsbaum in die Augen. Die wollte er haben, nicht die braunen. Wie süß müssen erst die Kerne der goldenen Nüsse schmecken! Er quengelte und quengelte deshalb.
Schließlich gab die Mutter nach und gab ihm schmunzelnd eine goldene Nuss; die braunen verteilte sie an die Geschwister.
Ben klopfte die goldene Nuss sofort begierig auf: Doch sie war hohl. Die Geschwister lachten ihn aus.
»Ja«, sagte der Vater, »die goldene Nuss war nur zum Anschauen da. »Ich habe zwei Nussschalen zusammengeleimt und mit Goldfarbe überzogen. Aber es soll dir eine Lehre sein: Es gibt viele Dinge in der Welt, die außen wie Gold glänzen, innen aber hohl sind!«

Weiterführung: Manche denken sich auch zu Weihnachten teure, kostbare Geschenke aus; aber die bewirken nichts, wenn dabei die Herzen leer bleiben.

87. Staunen über das Kind in der Krippe

Hinführung: Was mag das Jesuskind uns sagen?

Ein kleiner Junge ist stolz darauf, einen Großvater zu haben, der Figuren schnitzen kann. Es ist schon faszinierend zuzusehen, wie langsam aus einem Stück Holz »lebendige« Gestalten entstehen. Der Junge vertieft sich so in die geschnitzten Krippenfiguren, dass sich seine Gedanken mit der Welt der Figuren vermischen: Er geht mit den Hirten und Königen in den Stall und steht plötzlich vor dem Kind in der Krippe.

Da bemerkt er: Seine Hände sind leer! Alle haben etwas mitgebracht, nur er nicht. Aufgeregt sagt er schnell: »Ich verspreche dir das Schönste, was ich habe! Ich schenke dir mein neues Fahrrad – nein, meine elektrische Eisenbahn.«
Das Kind in der Krippe schüttelt lächelnd den Kopf und sagt: »Ich möchte aber gar nicht deine elektrische Eisenbahn. Schenke mir deinen – letzten Aufsatz!«
»Meinen letzten Aufsatz?«, stammelt der Junge ganz erschrocken, »aber da steht doch …, da steht ›ungenügend‹ drunter!«
»Genau deshalb will ich ihn haben«, antwortet das Jesuskind. »Du sollst mir immer das geben, was ›nicht genügend‹ ist. Dafür bin ich in die Welt gekommen!«
»Und dann möchte ich noch etwas von dir«, fährt das Kind in der Krippe fort, »ich möchte deinen Milchbecher!« Jetzt wird der kleine Junge traurig: »Meinen Milchbecher? – Aber der ist mir doch zerbrochen!« »Eben deshalb will ich ihn haben«, sagt das Jesuskind liebevoll, »du kannst mir alles bringen, was in deinem Leben zerbricht. Ich will es heil machen!«
»Und noch ein Drittes möchte ich von dir«, hört der kleine Junge wieder die Stimme des Kindes in der Krippe, »ich möchte von dir noch die Antwort haben, die du deiner Mutter gegeben hast, als sie dich fragte, wieso denn der Milchbecher zerbrechen konnte.« Da weint der Junge. Schluchzend gesteht er: »Aber da habe ich doch gelogen. Ich habe der

Mutter gesagt: ›Der Milchbecher ist mir ohne Absicht hingefallen.‹ Aber in Wirklichkeit habe ich ihn ja vor Wut auf die Erde geworfen.«
»Deshalb möchte ich die Antwort haben«, sagt das Jesuskind bestimmt, »bring mir immer alles, was in deinem Leben böse ist, verlogen, trotzig und gemein. Dafür bin ich in die Welt gekommen, um dir zu verzeihen, um dich an die Hand zu nehmen und dir den Weg zu zeigen ...«
Und das Jesuskind lächelt den Jungen wieder an. Und der schaut und hört und staunt ...

Weiterführung: Wir dürfen die Scherben unseres Lebens an der Krippe ablegen.

88. Vom Wolf an der Krippe

Hinführung: Es gibt in unserem Denken das liebliche Schaf, aber auch den rachsüchtigen Wolf. An der Krippe darf ich ganz Mensch werden.

Ein listiger, hungriger Wolf in Bethlehem hatte am Stall gewartet, bis die Hirten sich verabschiedet hatten und Maria und Josef die Augen zugefallen waren. Jetzt schlich er sich auf leisen Sohlen in den Stall. Niemand bemerkte ihn, nur das Kind lag noch wach und schaute auf ihn. Der Wolf hatte den Rachen weit geöffnet, seine Lefzen tropften vor Begierde, die Zunge hing heraus. Jetzt setzte er zum Sprung an. Da – berührte ihn behutsam und liebevoll die Hand des Kindes. Das erste Mal in seinem Leben streichelte jemand sein hässliches, struppiges Fell, und mit einer Stimme, wie der Wolf sie noch nie vernommen hatte, sagte das Kind: »Wolf, ich liebe dich!«
Da geschah etwas Unvorstellbares – im dunklen Stall von Bethlehem platzte die Tierhaut des Wolfes und – heraus stieg ein Mensch. Er sank in die Knie, küsste die Hände des Kindes und betete es an.
Und dann ging er in die Welt, um zu verkünden: Dieses göttliche Kind kann dich erlösend berühren!

Weiterführung: Manche Wölfe in unseren Straßen könnten auch ihre menschenfressenden Gedanken aufgeben, wenn sie nur jemand liebevoll berührte.

89. Weihnachtsfabel

Hinführung: Manche feiern an Weihnachten nur den leeren Rahmen des Festes: den Weihnachtsbaum, die Geschenke, die teure Krippe.

Die Tiere diskutierten einmal über Weihnachten. Sie stritten, was an Weihnachten die Hauptsache sei.
»Na klar, Gänsebraten«, sagte der Fuchs. »Was wäre Weihnachten ohne Gänsebraten.«
»Schnee«, sagte der Eisbär, »viel Schnee: Oh, weiße Weihnachten.«
Das Reh sagte: »Ich brauche einen Tannenbaum, sonst kann ich nicht Weihnachten feiern.«
»Und ein paar Kerzen«, heulte die Eule, »schön schummrig und gemütlich, Stimmung muss sein.«
»Aber so hell, dass man mein neues Kleid sehen kann«, sagte der Pfau, »sonst ist für mich kein Weihnachten.«
»Und Schmuck«, krächzte die Elster, »jede Weihnachten kriege ich was: einen Ring, ein Armband, eine Kette und Glitzerdinge. Das ist für mich das Allerschönste zum Fest.«
»Na, aber bitte den Stollen nicht vergessen«, brummte der Bär, »das ist doch die Hauptsache. Wenn es die süßen Sachen nicht gibt, verzichte ich auf Weihnachten.«
»Mach's wie ich«, sagte der Dachs, »schlafen, schlafen, das ist das Wahre. Weihnachten heißt für mich: Mal richtig ausschlafen.«
»Und saufen«, ergänzte der Ochse, »jede Menge Glühwein saufen.«
Aber dann schrie er: »Aua«, denn der Esel hatte ihm einen gewaltigen Tritt versetzt: »Ochs, du spinnst! Das Kind ist das Wichtigste an Weihnachten! Hast du das vergessen?«
Da senkte der Ochse beschämt den Kopf.

Weiterführung: Das Bild von Weihnachten selbst zeigt ein Kind auf Stroh, das die Arme ausgebreitet hält, um uns zu umarmen.

90. Die Apfelsine des Waisenknaben

Hinführung: Ein Kind erfährt in seiner schlimmsten Einsamkeit, dass Freunde es nicht vergessen haben.

Schon als kleiner Junge hatte ich meine Eltern verloren und kam mit neun Jahren in ein Waisenhaus in der Nähe von London. Es war mehr als ein Gefängnis. Wir mussten 14 Stunden am Tage arbeiten – im Garten, in der Küche, im Stall, auf dem Feld. Kein Tag brachte eine Abwechslung, und im ganzen Jahr gab es für uns nur einen einzigen Ruhetag: Das war der Weihnachtstag. Dann bekam jeder Junge eine Apfelsine zum Christfest. Das war alles. Keine Süßigkeiten. Kein Spielzeug.
Aber auch diese eine Apfelsine bekam nur derjenige, der sich im Laufe des Jahres nichts hatte zuschulden kommen lassen und immer folgsam war. Diese Apfelsine an Weihnachten verkörperte die Sehnsucht eines ganzen Jahres.
So war wieder einmal das Christfest herangekommen. Aber es bedeutete für mein Kinderherz fast das Ende der Welt. Während die anderen Jungen am Waisenhausvater vorbeischritten und jeder seine Apfelsine in Empfang nahm, musste ich in einer Zimmerecke stehen und zusehen. Das war meine Strafe dafür, dass ich eines Tages im Sommer hatte aus dem Waisenhaus weglaufen wollen.
Als die Geschenkverteilung vorüber war, durften die anderen Knaben im Hof spielen. Ich aber musste in den Schlafraum gehen und dort den ganzen Tag über im Bett liegen bleiben. Ich war tieftraurig und beschämt. Ich weinte und wollte nicht länger leben.
Nach einer Weile hörte ich Schritte im Zimmer. Eine Hand zog die Bettdecke weg, unter die ich mich verkrochen hatte. Ich blickte auf. Ein kleiner Junge namens William stand vor meinem Bett, hatte eine Ap-

felsine in der rechten Hand und hielt sie mir entgegen. Ich wusste nicht, wie mir geschah. Wo sollte eine überzählige Apfelsine hergekommen sein?
Ich sah abwechselnd auf William und auf die Frucht und fühlte dumpf in mir, dass es mit der Apfelsine eine besondere Bewandtnis haben müsse. Auf einmal kam mir zu Bewusstsein, dass die Apfelsine bereits geschält war, und als ich näher hinblickte, wurde mir alles klar und Tränen kamen in meine Augen. Und als ich die Hand ausstreckte, um die Frucht entgegenzunehmen, da wusste ich, dass ich fest zupacken musste, damit sie nicht auseinanderfiel.
Was war geschehen? Zehn Jungen hatten sich im Hof zusammengetan und beschlossen, dass auch ich zu Weihnachten meine Apfelsine haben müsse. So hatte jeder die seine geschält und eine Scheibe abgetrennt, und die zehn abgetrennten Scheiben hatten sie sorgfältig zu einer neuen, schönen und runden Apfelsine zusammengesetzt.
Diese Apfelsine war das schönste Weihnachtsgeschenk meines Lebens. Sie lehrte mich, wie trostvoll echte Kameradschaft sein kann.

Weiterführung: Man sollte sich auch im Alter um Freundschaften bemühen, damit einen die Einsamkeit nicht arm macht.

91. Die vielen kleinen Sterne der Liebe

Hinweis: Vielleicht erhält jede/r einen kleinen Stern.

Hinführung: Es gibt wundervolle alte Legenden, die in ihrem Kern stimmen. Eine solche Legende erzählt:

Als die Weisen Bethlehem verließen, da blickten sie auf der Anhöhe vor der Stadt nochmals zurück. Sie sahen ein wunderbares Schauspiel. Der Stern, der sie zur Krippe geführt hatte, zersprang in tausend und abertausend kleine Sterne, die sich über die ganze Erde verteilten. Die Weisen wussten nicht, was das zu bedeuten hatte.

Auf ihrem Weg kamen sie an eine Wegkreuzung und fragten einen Fremden, welche Richtung sie einschlagen sollten. Der gab ihnen freundlich Auskunft. Über seinem Kopf sahen sie ein Sternchen leuchten.
Als sie am Abend in der Herberge waren und vom Herbergswirt aufmerksam bedient wurden, leuchtete auch über dessen Kopf ein Sternchen.
Jetzt begriffen sie das Schauspiel, das sie auf der Anhöhe über Bethlehem erlebt hatten: Überall, wo ein Wort der Liebe gesagt, wo eine Tat der Liebe getan wird, da leuchtet der Stern von Bethlehem, ein kleiner Stern der Liebe ...

Weiterführung: Auch bei uns leben Menschen guten Willens. Das Gefunkel ihrer Sterne erleichtert unser Miteinander.

92. Der Engel ohne Flügel

Hinführung: Jeder von uns kann ein Engel sein. Aber manchmal, wenn wir zu viel verkraften müssen, verlieren wir die Flügel. Wir hören, wie wir sie wiederbekommen können.

Als sich die Engel zum gemeinsamen Flug nach Bethlehem sammelten, war einer besonders traurig, weil er seine Flügel verloren hatte. Der Kummer hatte sein Herz ergriffen, ob er den weiten Weg schaffen würde. Unmerklich waren sie abgefallen. Da tröstete ihn der Weihnachtsengel und sagte »Komm! Geh deinen Weg mit kleinen Schritten und du wirst auch das Ziel erreichen!«
Der Engel tat, wie es ihm verheißen war. Der Weg erschien ihm lang und beschwerlich. Aber er erlebte auf dem Weg viel Schönes, begegnete vielen Menschen und sah kleine bezaubernde Dinge, die er beim Überfliegen gar nicht bemerkt hätte.
Als er schließlich in Bethlehem ankam, war er zu seinem Erstaunen nicht der letzte, weil manche Engel, die mit Lichtgeschwindigkeit los-

gebraust waren, in ihrem Übermut über den armen Stall hinweggesaust waren. So verneigte er sich mit dankbarem und frohem Herzen vor dem Kind in der Krippe. Da fühlte er plötzlich wieder seine Flügel und wusste: Mit der Freude über das Kind im Herzen würde er jetzt leichter alle Hindernisse nehmen können.

Weiterführung: Wer also einen Flügel verloren hat, kann sich beim Kind in der Krippe neue besorgen.

Fastenzeit

93. Geduldig sich verschenken

Hinführung: In unserer Gesellschaft wachsen – so scheint es – immer mehr Egoisten heran. »I first!« – Ich zuerst! Martin Luther hat sie folgendermaßen beschrieben: Sie verkrümmen sich so, bis sie nur noch ihren eigenen Bauchnabel sehen.

»Deine Geduld möchte ich haben«, sagte ein Veilchen zur Schlüsselblume, »noch nie hast du ein Tor aufgeschlossen, und doch lässt du jedes Jahr deine nutzlosen Schlüsselkelche sprossen. Wenn das keine Vergeudung ist!«
Die Schlüsselblume antwortete: »Vergeuden, mein liebes Veilchen, kann auch eine andere Form der Liebe sein. Wer blüht, weil er liebt, fragt nicht nach dem Zweck seines Blühens. Liebende haben Geduld und verschenken sich tausendfach. Liebenden ist kein Maß gesetzt. Ohne Liebe kein Leben – ohne Geduld kein Wachsen.«

Weiterführung: Ich bewundere im Herbst die Apfelbäume in unseren Vorgärten: Jedes Jahr tragen sie wunderbare Früchte, auch wenn sie oft keiner pflücken oder aufheben will.

94. Nachsehen

Hinführung: Das 11. Gebot heißt mittlerweile für manche: Alles ist erlaubt, du darfst dich nur nicht erwischen lassen.

»Das ist jetzt schon der dritte Diebstahl am heutigen Morgen«, sagt Berthold zu seinem Kollegen und zeigt auf den Monitor drei. Die Männer beobachten, wie in der Lebensmittelabteilung gerade jemand eine Salami in seiner Manteltasche verschwinden lässt.
»Die Menschen stehlen wie die Raben«, meinte der Kollege. »Weißt du noch, wie heute Morgen die feine Dame sich an wertvollen Parfümen bereichern wollte, ohne zu bezahlen?«
»Und wie ein Halbwüchsiger gleich mehrere CDs in seinem Rucksack verschwinden ließ! Und wie viele Diebstähle haben wir wohl nicht gesehen?«, ergänzt Berthold.
»Okay«, sagt der Kollege, »wir verständigen den Hausdetektiv.« Er greift zum Hörer.
»Warte!«, bittet Berthold und hält den Kollegen am Arm fest.
»Was soll das?«, brummt dieser unwirsch, »wir müssen doch unseren Detektiv verständigen. Das ist unsere Aufgabe, dafür werden wir doch bezahlt.«
»Schon«, stimmt Berthold zu, »aber sieh doch, das ist ein Obdachloser, der wird froh sein, heute Abend etwas zu essen zu haben. Gönnen wir ihm das Vergnügen! Bei den beiden Fällen heute Morgen war das etwas anderes.«
»Nein«, widerspricht der Kollege, »wir haben ihn erwischt und erwischt ist erwischt. Das Auge der Kamera ist unbestechlich. Es hat auch ihn beobachtet und entlarvt.«
»Das ist richtig« erwidert Berthold, »aber das menschliche Auge hat ein Lid.«

Weiterführung: Eine Kommaverschiebung wäre angesagt: Einem König kam das Urteil »Gnade unmöglich, im Gefängnis lassen!« zu hart vor.

Er verschob das Komma nach vorne. Und dann hieß es: »Gnade, unmöglich im Gefängnis lassen!«

95. Der schwarze Punkt

Hinführung: Im Leben gibt es schwarze Momente, die uns bedrängen und ängstigen. Manche neigen dazu, nur noch dieses Schwarz zu sehen.

Eines Tages kam ein Professor in die Vorlesung und schlug einen Überraschungstest vor. Er verteilte sogleich das Aufgabenblatt. Dann forderte er seine Studenten auf, die Seite umzudrehen und zu beginnen. Zur Überraschung aller gab es keine Fragen – nur einen schwarzen Punkt in der Mitte der Seite.
Nun erklärte der Professor Folgendes: »Ich möchte Sie bitten, das aufzuschreiben, was Sie dort sehen.« Die Studenten waren verwirrt, aber begannen mit ihrer Arbeit.
Am Ende der Stunde sammelte der Professor alle Antworten ein und begann, sie laut vorzulesen. Alle ohne Ausnahme hatten den schwarzen Punkt beschrieben – seine Position in der Mitte des Blattes, seine Lage im Raum, sein Größenverhältnis zum Papier usw.
Nun lächelte der Professor und sagte: »Ich wollte Ihnen eine Aufgabe zum Nachdenken geben.« Niemand hat etwas über den weißen Teil des Papiers geschrieben. Jeder konzentrierte sich auf den schwarzen Punkt – und das Gleiche geschieht in unserem Leben. Wir haben ein weißes Papier erhalten, um es zu nutzen und zu genießen, aber wir konzentrieren uns immer auf die dunklen Flecken.
Unser Leben ist ein Geschenk, das wir mit Liebe und Sorgfalt hüten sollten, und es gibt eigentlich immer einen Grund zum Feiern – die Natur erneuert sich jeden Tag, unsere Freunde, unsere Familie, die Arbeit, die uns eine Existenz bietet, die Wunder, die wir jeden Tag sehen …

Doch wir sind oft nur auf die dunklen Flecken konzentriert – die gesundheitlichen Probleme, der Mangel an Geld, die komplizierte Beziehung mit einem Familienmitglied, die Enttäuschung mit einem Freund, Erwartungshaltungen usw.
Die dunklen Flecken sind sehr klein im Vergleich zu allem, was wir in unserem Leben haben, aber sie sind diejenigen, die unseren Geist beschäftigen und trüben.
Nehmen Sie die schwarzen Punkte wahr, doch richten Sie Ihre Aufmerksamkeit mehr auf das gesamte weiße Papier und damit auf die Möglichkeiten und glücklichen Momente in Ihrem Leben und teilen Sie das mit anderen Menschen!

Weiterführung: Sich abends vor dem Einschlafen fünf Momente des ausklingenden Tages in Erinnerung rufen, die positiv waren und uns beflügelt haben: Und wir können viel besser schlafen!

96. Erst vom Pferd steigen

Hinführung: »Das Kreuz des Jesus Christus durchkreuzt, was ist, und macht alles neu«, sagt der Dichter Lothar Zenetti.

Kaiser Heraklius hatte die Perser besiegt und die Stadt Jerusalem wieder für die Christen erobert. Er befahl, die Kirche, in der das Grab Jesu gezeigt wurde, wieder aufzubauen. Aber das Wichtigste fehlte noch: das Kreuz Jesu. Von den besiegten Persern verlangte er deshalb, dass sie ihm das Kreuz aushändigen sollten.
Voller Stolz und mit Ehrfurcht nimmt er es in Empfang. Und da kommt ihm ein großartiger Gedanke: Er will dem Kreuz Jesu und der Stadt die höchste Ehre erweisen. Er selbst, der Kaiser, will das Kreuz im Triumphzug in die Stadt Jerusalem tragen. Als christlicher Herrscher will er dabei denselben Weg gehen, den Jesus in den Tagen seines Leidens gegangen ist: Vom Ölberg herab wird er an der Spitze einer feierlichen Prozession durch das Kidrontal ziehen, dann durch das Goldene Tor in

den Tempelbezirk gehen und von dort aus zur Grabeskirche. Das wird ein Fest werden für die Stadt!

Am festgesetzten Tag zieht eine große Prozession vom Ölberg her auf die Stadt zu. Auf einem festlich geschmückten Pferd reitet der Kaiser in seinen Prunkgewändern; auf seiner Schulter trägt er das Kreuz. Hinter ihm geht der Bischof von Jerusalem; der kaiserliche Hofstaat folgt ihnen. Mit Gesängen und Gebeten ziehen sie so auf die Stadt zu. Doch in dem Augenblick, in dem der Kaiser durch das Goldene Tor reiten will, prallt er erschreckt zurück. Die Steine des Tores senken sich herab, sie bilden eine geschlossene Mauer und versperren dem Kaiser den Weg. Entsetzen packt ihn und seine Begleiter. Ratlos stehen sie vor einer undurchdringlichen Wand. Nach einiger Zeit, in der alle wie gelähmt auf das Tor schauen, gibt der Kaiser wortlos das Kreuz dem Bischof.

Er steigt von seinem Pferd. Schweigend beginnt er, seine Kleider auszuziehen: Zuerst legt er den goldenen Stirnreif ab, das Zeichen seiner Herrschaft. Er zieht seine reich verzierten Reitstiefel aus und dann gibt er den Dienern seine kaiserlichen Kleider. Schließlich steht er barfuss und nur mit einem Untergewand aus Leinen bekleidet vor allen Leuten.

Jetzt bittet er den Bischof, ihm das Kreuz auf die Schultern zu legen.

Er blickt auf und – das Goldene Tor steht offen vor ihm.

Schweigend, barfuss, wie ein Bettler trägt er nun das Kreuz in die Stadt. Er geht weiter zur Grabeskirche. Dort beginnt der Dankgottesdienst. Erst jetzt erwachen der Kaiser und seine Begleiter aus ihrem Schweigen. Sie danken dem Gekreuzigten.

Weiterführung: Wenn Christus den unteren Pfad gegangen ist und seinen Jüngern die Füße wusch, wie wollen wir ihm auf prunkvollem Weg begegnen?

Ostern

97. Verwandlung im Tod

Hinführung: In allen Religionen gibt es den Glauben an ein Weiterleben nach dem Tod. Wenn Gott seine Schöpfung liebt, gibt es auch keine andere sinnvolle Antwort. Wir hören ein Beispiel aus einem ganz anderen Kulturkreis.

Der Sohn des Seidenspinners Tschi Lan war jung gestorben. Der Vater ging traurig zum Weisen Meng Tse und fragte: »Warum muss der Mensch sterben?«
Der Weise antwortete: »Der Mensch stirbt nicht! Du weißt es doch von deinem Beruf her: Aus den Eiern deiner Spinner schlüpfen die Raupen, die den Kokon durchbrechen und eine neue Brut hinterlassen. Ei, Raupe, Spinner sind nicht das Gleiche, aber zusammen gesehen wirkt sich das Leben immer fort. Ist das nicht eine Art von ewigem Leben, das nie stirbt?«
Sie saßen lange schweigend. Dann sagte der Seidenspinner: »Ich weiß, du sprichst in Bildern, aber ich will mich der Wahrheit beugen.« Da sagte der Weise noch ein Letztes, während sein Antlitz schon mit der Dunkelheit verschwamm: »Ja, schärfe dein Auge! Es gibt keinen Tod. Alles Leben ist nur ein Gleichnis. Trage deine Trauer in diese Sicht der Dinge, die über dein Inneres große Ruhe ausbreiten wird.«

Weiterführung: Es gibt für uns nichts Kostbareres als der Glaube an ein Leben nach dem Tod. Der Auferstandene ist unser Garant dafür.

98. Der leere Stuhl

Hinführung: Wir hören eine Begebenheit, wie ein Sterbender ohne Angst in die andere Welt gehen konnte.

Ein Priester besuchte einen Kranken in seiner Wohnung, bemerkte einen leeren Stuhl an der Seite des Bettes und fragte, warum er dort stünde. Der Kranke antwortete: »Ich hatte Jesus eingeladen, auf diesem Stuhl Platz zu nehmen, und sprach mit ihm, bevor Sie kamen. Jahrelang fiel es mir schwer zu beten, bis mir ein Freund erklärte, dass Gebet ein Gespräch mit Jesus sei. Er riet mir, einen leeren Stuhl neben mich zu stellen und mir vorzustellen, Jesus säße darauf. Ich solle mit Jesus sprechen und seinen Worten zuhören. Seitdem habe ich keine Schwierigkeiten mehr beim Gebet.«
Einige Tage später kam die Tochter des Kranken zum Priester und gab ihm die Nachricht, dass ihr Vater gestorben sei. Sie sagte: »Ich ließ ihn ein paar Stunden lang allein. Er schien so friedlich zu sein. Als ich ins Zimmer zurückkehrte, war er tot. Etwas Eigentümliches habe ich jedoch bemerkt: Sein Kopf lag nicht auf dem Bett, sondern auf dem Stuhl neben seinem Bett.«

Weiterführung: Zu wissen, dass wir unterwegs sind in die barmherzigen Arme Gottes, nimmt uns die Angst vor dem Tod.

99. Libellenlarve und Blutegel

Hinführung: Es gibt Menschen, die haben nur ein müdes Lächeln für unseren Glauben an die Auferstehung. Dabei kann keiner etwas beweisen. Wir hören eine Geschichte aus dem Tierreich, die sagen will: Wir werden staunen.

Eine Fabel erzählt das Gespräch zwischen einer Libellenlarve, die immer wieder den unwiderstehlichen Drang nach oben hat, um neue Luft zu schöpfen, und einem Blutegel, der sagt: »Hab ich vielleicht jemals das Bedürfnis nach dem, was du Himmelsluft nennst?«
»Ach«, erwiderte die Libellenlarve, »ich hab nun einmal die Sehnsucht nach oben. Ich versuchte auch schon einmal, an der Wasseroberfläche nach dem zu schauen, was darüber ist. Da sah ich einen hellen Schein,

und merkwürdige Schattengestalten huschten über mich hinweg. Aber meine Augen müssen wohl nicht geeignet sein für das, was über dem Teich ist. Aber wissen möcht ich's doch!«

Der Blutegel krümmte sich vor Lachen: »O du fantasievolle Seele, du meinst, über dem Tümpel gibt es noch was? Lass doch diese Illusionen. Glaub mir als einem erfahrenen Mann: Ich hab den ganzen Tümpel durchschwommen. Dieser Tümpel ist die Welt – und die Welt ist ein Tümpel. Und außerhalb dessen ist nichts!«

»Aber ich hab doch den Lichtschein gesehen und Schatten!?«

»Hirngespinste! Was ich fühlen und betasten kann, das ist das Wirkliche«, erwiderte der Blutegel.

Aber es dauerte nicht lange, bis sich die Libellenlarve aus dem Wasser herausschob, Flügel wuchsen ihr, goldenes Sonnenlicht und blauer Himmelsschein umspülten sie, und sie schwebte schimmernd über den niedrigen Tümpel davon.

Weiterführung: Wir glauben daran: Es wachsen uns einmal Flügel, um über den Tümpel dieser Welt hinauszufliegen. Der Auferstandene schenkt sie uns.

100. Aus Leid wird Herrlichkeit

Hinführung: Wir hören eine wunderschöne symbolische Geschichte zur Auferstehung im Tod.

Es war einmal eine Frau, die hatte ein einziges Töchterchen, das war sehr klein und blass und anders als andere Kinder. Wenn sie spazieren gingen, dann blieben die Leute oft stehen und sahen dem Kind nach. Wenn dann das kleine Mädchen seine Mutter fragte: »Weshalb sehen die Leute mich so an?«, antwortete sie jedes Mal: »Weil du so ein wunderschönes Kleidchen anhast.« Dann war die Kleine zufrieden.

Nach einiger Zeit wurde die Mutter krank und starb. Der Vater nahm sich nach einem Jahr eine andere Frau; die war schöner, jünger und

reicher, aber nicht so gut wie die richtige Mutter. Sie ging auch oft spazieren, aber das kleine Mädchen nahm sie nie mit.
Endlich fasste es sich ein Herz und bat: »Nimm mich doch mit!« Aber die neue Mutter schlug es rundweg ab und sagte: »Du bist wohl nicht gescheit! Was sollen die Leute denken, wenn ich mich mit dir sehen lasse? Du bist ja ganz bucklig! Bucklige Kinder bleiben immer zu Hause!«
Da wurde das kleine Mädchen ganz still. Als die Mutter das Haus verlassen hatte, stellte es sich auf einen Stuhl und besah sich im Spiegel. Und tatsächlich, es war bucklig, sehr bucklig. Es setzte sich wieder hin und dachte. »Was mag da nur in meinem Buckel sein?«
Der Winter kam, da wurde das kleine Mädchen immer blasser und schwächer und schließlich starb es. Als es begraben war, kam ein Engel geflogen und klopfte an das Grab, als sei es eine Tür. Sofort kam das kleine Mädchen aus dem Grab heraus. Der Engel verkündete ihm: »Ich bin gekommen, um dich zu deiner Mutter in den Himmel zu holen!«
Das Mädchen fragte schüchtern: »Können denn auch bucklige Kinder in den Himmel?«
Da berührte der Engel seinen Rücken und sagte: »Gutes Kind, du bist gar nicht mehr bucklig!«
Und richtig, der alte, garstige Buckel fiel ab wie eine große hohle Schale. Was war darin?: Zwei herrliche Flügel. Die spannte es aus, als hätte es schon immer fliegen können, und flog mit dem Engel durch den blitzenden Sonnenschein. Und im Himmel saß die gute Mutter und schloss es in ihre Arme.

Weiterführung: Der garstige Buckel unserer Unzulänglichkeiten wird einmal aufbrechen: Dann schenkt uns die Barmherzigkeit Gottes Flügel für die letzten Strecke.

101. Alles geht gut aus

Hinführung: Worte von Kindern können uns manchmal sprachlos machen. Wir hören von so einem Wort. Diese Begebenheit erzählt uns ein früherer Bischof von Innsbruck, Reinhold Stecher († 2013).

Es war einige Tage vor den Osterferien. Ich war gerade mit der langen Erzählreise über Abendmahlsaal, Ölberg und Golgota bis zur Auferstehung zu Ende gekommen. Da hab ich an den Seppl in der dritten Bank die gewichtige Frage gestellt, was ihm denn an der Erzählung von Jesus am besten gefallen habe. Der Achtjährige, auf einem einsamen Hof eine Stunde hangeinwärts zu Hause, gab strahlend die Antwort: »Dass alles so gut ausgeht!«
Die Antwort zwang mir ein Lächeln ab: »Dass alles so gut ausgeht!« Wie unbekümmert ein Kind seine Sehnsucht auf den Punkt bringen kann! Es nützt mir letztlich doch nichts, wenn mir ein berühmter Philosoph auf die Schulter klopft und klarmacht, dass Sinnlosigkeit zum Leben gehört oder ich mit einer raffinierten Versenkungsmethode aus der Wirklichkeit fliehe und in ein Nirwana entschwebe.
Es hilft mir nur der Auferstandene, weil er nicht von unserer Seite der Ohnmacht kommt. Er ist der Einzige, dem ich abnehme, dass – trotz allem – alles gut ausgeht.

Weiterführung: Kindermund bringt uns manchmal zum Nachdenken. »Wenn ihr nicht werdet wie die Kinder …«

Pfingsten / Geburtstag der Kirche

102. In großer Not

Hinführung: Wie Kirche sein sollte, wenn sie heute noch überzeugen will.

Die vornehme, gut gekleidete Dame neben mir in der Kirche reicht mir die Hand zum Friedensgruß. Ich schaue sie an und sehe, dass sie weint.
»Beten Sie für mich, ich bin in großer Not«, flüstert sie mir zu.
»Ja, das tue ich«, antworte ich ihr, »sagen Sie mir Ihren Vornamen?«
»Dorothea«, sagt sie leise. »Es ist der Name, auf den auch ich getauft wurde. Er bedeutet: Geschenk Gottes.«
Nach der Messe bleibe ich neben ihr sitzen. »Wenn Sie wollen, bleibe ich ein wenig bei Ihnen«, sage ich. Sie ergreift meine Hand – ich halte sie – und sie erzählt mir ihre Leidensgeschichte: von dem Ehemann, der sie vor drei Tagen verlassen hat, von ihrem krebskranken Sohn, von ihrer eigenen Krankheit.
Wir bleiben, bis der Küster kommt, der die Kirche abschließen will.
»Eigentlich wollte ich mich umbringen«, sagt sie, als wir gehen.

Weiterführung: Wir können selten sehen, was hinter der Stirn eines Menschen vorgeht. Aber wir können ihm Zeit und Aufmerksamkeit schenken.

103. Eine Kirche, die uns versteht

Hinführung: Hat sich die Kirche oben zu weit von den Sorgen der Kirche unten entfernt? Ein Bischof bekam es einmal handgreiflich zu spüren.

Als Bischof Rafael Lim (1931–1998) von den Philippinen einmal in Deutschland war, erzählte er folgende Geschichte:
»Ich hatte mich mit Menschen aus Basisgemeinschaften meines Bistums getroffen; wir sprachen über Gott und die Welt.
Als ich zum Abschlussgottesdienst in die Kirche einzog, kamen Leute auf mich zu, nahmen mir Mitra, Stab, Ring und Messgewand ab und kleideten mich neu ein; statt der Mitra einen Strohhut, wie ihn die einfachen Bauern tragen; sie gaben mir einen Bambusstecken anstelle meines Bischofsstabes und hängten mir den einfachen Umhang der

Armen um die Schultern. Zum Schluss tauschten sie das Bischofskreuz durch ein schlichtes Bambuskreuz aus.«

Der Bischof war erschrocken und verwirrt: »Was ist in die Menschen gefahren?«, dachte er.

Die Landarbeiter sagten ihrem verdutzten Oberhirten, dass sie ihn nicht hatten beleidigen wollen: »Wir wollten dir nur unsere Vision zeigen, wie die Kirche sein soll: eine Kirche, die uns versteht, die zu uns gehört, zu unseren Angehörigen, zu unseren Dörfern mit ihren Feldern und Gärten, Geschäften und Wohnungen, mit den Krankenlagern und Arbeitsstätten. Eine Kirche, zu der wir uns hingezogen fühlen.«

Weiterführung: Eine Kirche, die nicht für die Menschen da ist, taugt zu nichts mehr (frei nach Bischof Jacques Gaillot).

Glaube

104. Samen aus der Welt Gottes

Hinführung: Es gibt Tugenden wie Fleiß, Hilfsbereitschaft, Zuverlässigkeit, die uns im Leben weiterhelfen. Und es gibt die göttlichen Tugenden: Glaube, Hoffnung, Liebe. Die sind so stark, dass wir mit ihnen im Leben alle Hindernisse bezwingen können.

Die weise Frau sprach:

»Der Glaube ist wie das Salz in der Suppe. Auch wenn er verborgen und unsichtbar ist, das ganze Leben schmeckt anders.

Die Hoffnung ist wie das Gewürz am Gemüse. Auch wenn sie nur eine winzige Spur ist, alle Tage werden herzhaft und sind nicht so fade.

Die Liebe ist wie der Zucker im Tee. Auch wenn sie noch so klein ist, versüßt sie alles, und von Bitterkeit ist nichts zu schmecken.«

Weiterführung: Darum dürfen wir die drei göttlichen Tugenden als Samen aus der Welt Gottes dankbar annehmen.

105. Gott wie Salz

Hinführung: Ich bin überall für euch da, verspricht Gott im brennenden Dornbusch. Viele Menschen suchen danach, wenn sie in die Schöpfung eintauchen: »Jetzt ist Er mir ganz nahe!«

Der Meister goss vor den Augen einiger junger Menschen Wasser in eine Schale und schüttete dann einiges Salz hinein.
Nach einem gemeinsamen Spaziergang mit wachen Augen für die Natur kamen sie zurück. Der Meister versammelte alle um die Schale und forderte einen Jugendlichen auf, am Rand ins Wasser zu greifen und zu schmecken.
»Es schmeckt nach Salz!«
»Und jetzt greif in die Mitte.« »Schmeckt auch nach Salz.«
»Und jetzt greif nach unten auf den Boden.« »Schmeckt genauso.«
»Also«, sagte der Meister, »wenn Gott mit dem Salz verglichen wird, dann erkennt ihr: Gott ist jetzt unsichtbar wie das Salz, aber überall zu schmecken!«

Weiterführung: Was wir lieben, schützen wir auch, Wir wissen, wie sehr die Schöpfung mittlerweile leidet und sich schon wehrt. Und Gott leidet mit bei unserem Missbrauch der Freiheit.

106. Mit den Augen des Herzens sehen

Hinführung: Wir dürfen an Gott zweifeln. Aber auch in Zweifeln noch auf der Suche bleiben.

Ein Missionar sucht monatelang nach einem Wort für »Glaube« in der Papuasprache. Eines Tages kommt ein Eingeborener zu ihm und sagt: »Du erzählst uns von Jesus und sagst, er sei für uns gekreuzigt und auferstanden. Hast du Jesus gesehen?«
»Nein«.

»Bestimmt aber dein Großvater!«
»Auch nicht.«
»Dann lebt Jesus gar nicht in deiner Heimat! Woher weißt du dann, dass Jesus lebt?«
Unterdessen hatte sich eine Wolke vor die Sonne geschoben. »Siehst du die Sonne?«, fragte der Missionar.
Der Mann schüttelte den Kopf.
»So ist es auch mit Jesus. Die Sonne scheint, auch wenn du sie nicht siehst. Ich sehe Jesus nicht und weiß doch, dass er lebt!«
Der Mann dachte lange nach, dann sagte er: »Ich verstehe dich. Dein Auge hat Jesus nicht gesehen, aber dein Herz kennt ihn. Mit dem Herzen hast du Jesus gesehen!«
Nun hatte der Missionar das Wort für »Glaube« gefunden: »Jesus mit dem Herzen sehen.«

Weiterführung: Jesus mit dem Herzen suchen, weniger mit dem Kopf. Dann kann ich eines Tages sagen: Danke, dass ich glauben kann.

107. Wie bei der Rolltreppe

Hinführung: Wer glauben will, muss irgendwann einen entscheidenden Schritt tun. Das macht uns eine Treppe aus unserer modernen Welt klar.

Plötzlich schwiegen sie mitten in der Diskussion über Fragen des Glaubens.
Da sagte einer: »Ich will dir ein Beispiel erzählen, das mir einmal in meinen Zweifeln geholfen hat. Du kennst eine Rolltreppe. Solch eine, die nicht ständig läuft, sondern die sich erst in Bewegung setzt, wenn du die Lichtschranke durchbrochen hast. Nun stell dir vor, da steht einer vor der Treppe, der so was noch nie mitbekommen hat. Du gehst hin und sagst zu ihm: »Die bringt Sie nach oben! Nur zu!« Derjenige wird dich ungläubig anstaunen und vermuten, du willst ihn auf den

Arm nehmen. Aber wenn du mit ihm auf die Rolltreppe trittst, dann – dann wird er wissen, es geht.

So ist das auch mit unserem Glauben: Solange du Beweise erwartest, passiert gar nichts. Erst, wenn du den Fuß auf die Rolltreppe setzt, geht es nach oben.

»Bevor ich nicht weiß, ob es Gott überhaupt gibt, wie soll ich da an ihn glauben? Oder hast du einen Beweis, dass er nicht nur in Märchenbüchern vorkommt?« – Einen Moment schwiegen alle in unserer kleinen Gesprächsrunde. Wer hat schon einen Beweis, den ein Skeptiker nicht vom Tisch wischen könnte?

Weiterführung: Es gibt Sichten in der Welt, die von Beweisen nicht eingefangen werden können. Da hilft nur, im Vertrauen auf Gott und die Menschen den nächsten Schritt zu wagen.

108. »Ich hatte ihn vergessen«

Hinführung: Der Glaube an Jesus Christus kann zusätzliche Kräfte in uns aktivieren. Das haben schon viele Menschen erfahren.

Don Bosco († 1888), der begnadete Erzieher, Priester und Schriftsteller, kümmerte sich im 19. Jahrhundert um die vielen verwahrlosten Jungen in Turin und Umgebung. Immer wieder fehlten die dazu notwendigen Mittel: In seiner Not bat er seine verwitwete Mutter, zu ihm zu kommen und ihm zu helfen.

Der Dienst an diesen Jungen über zehn Jahre lang war eine harte Geduldsprobe für die alte Mutter. Als die Kinder ihr eines Tages den Gemüsegarten beim Spielen zertrampelt hatten, war ihre Geduld erschöpft. Sie packte ihre Sachen zusammen und wollte das Haus verlassen, um in ihre Heimat zurückzukehren. An der Haustür begegnete sie ihrem Sohn. Dieser erfasste sofort die Situation. Er führte die Mutter unter ein großes Kreuz in seinem Haus. Da standen sie nun – die Mutter und ihr Sohn.

Nach Minuten des Schweigens sagte die Mutter mit dem Blick auf den Gekreuzigten: »Ich hatte ihn vergessen.« Daraufhin packte sie ihre Sachen wieder aus und ging zurück an die Arbeit.

Weiterführung: Daran kann uns jedes Kreuz erinnern: Mit mir, sagt Jesus, wachsen dir neue Kräfte zu.

Hoffnung

109. Nicht aufgeben!

Hinführung: Hoffnung ist die *kleine* Schwester zwischen den großen Brüdern Glaube und Liebe. Aber sie ist unbezwingbar.

Ein Boot in der Lagune. Ein alter Fischer – er steht am Bug, das Wurfnetz in den Händen. Seit einer halben Stunde sehe ich ihm zu. Er versteht sein Handwerk.
In vollendetem Kreis fällt das Netz ins Wasser. Er lässt es sinken. Wartet, bis der bleibeschwerte Rand den Boden berührt. Dann zieht er es hoch, behutsam, mit hoffenden Händen spürend, ob Leben im Netz ist oder ob der Wurf wieder einmal umsonst war.
Das Netz ist leer. Er schüttelt es aus, entfernt den Unrat, bereitet sich zum nächsten Wurf. Ich habe die Würfe gezählt: Dreiundzwanzigmal ist das Netz auf das Wasser geklatscht. Jedes Mal zog er es leer heraus.
Der alte Fischer weiß: Es gibt Tage, da muss man das Netz werfen wider besseres Wissen: zwanzigmal, fünfzigmal, hundertmal, weil es nötig ist, das Netz zu werfen – als Einübung in die Praxis der Hoffnung –, weil nicht werfen aufgeben hieße – und aufgeben hieße, aufhören zu leben.

Weiterführung: Aufgeben heißt *sich* aufgeben. Die Macht der Hoffnung aber sagt: Es gelingt. Wage es weiter!

110. Der hundertunderste Schlag

Hinführung: Hoffnung sieht immer weiter, als dass sie sich vom Augenblick entmutigen ließe.

Haben wir schon einen Steinmetzen bei der Arbeit beobachtet? Er schlägt vielleicht hundertmal auf die gleiche Stelle, ohne dass nur der kleinste Riss sichtbar wird. Es kann bereits der Schweiß über sein Gesicht rinnen, die Zuschauer schon zu spötteln beginnen. Aber dann, beim hundertundersten Schlag springt der Stein plötzlich entzwei. Es war nicht dieser Schlag, der den Erfolg brachte, sondern die hundert, die ihm vorhergingen: wo kleinste Risse sich langsam überall im Steinblock verbreiteten.

Weiterführung: Die Hoffnung, dass etwas zu einem guten Ende kommt, ist unbezwingbar.

111. Der gesprungene Krug

Hinführung: Menschen, die sich ihrer Einschränkungen bewusst sind und danach leben, können das Leben aller bereichern.

Morgen für Morgen, Tag für Tag ging Ghele zum Fluss, füllte zwei Krüge und machte sich auf den Weg zur Stadt, um das Wasser seinen Kunden zu bringen. Denn Ghele war Wasserverkäufer.
»Es kann nicht mehr lange dauern, bis mich Ghele ausrangiert«, dachte der eine Krug traurig. Denn er hatte einen Sprung und verlor deshalb ständig Wasser. Der andere Krug hingegen war ganz neu und brachte viel mehr Geld ein.
Eines Morgens machte sich der gesprungene Krug wieder Vorwürfe und beschloss, sich Ghele anzuvertrauen: »Wenn wir in der Stadt ankommen, bin ich halb leer. Du verlierst Geld wegen mir. Bitte, verzeih mir meine Schwäche.«

»Schau, da, am Rand des Weges«, entgegnete Ghele. Vorsichtig riskierte der gesprungene Krug einen Blick. »Oh, wie schön. Lauter kleine Blumen«, meinte er bewundernd.
»Du hast diese Pracht bewirkt!« Der gesprungene Krug schaute verständnislos. Bis Ghele weitersprach: »Ich habe ein Paket Blumensamen gekauft und sie entlang des Weges gesät. Und du, ohne es zu wissen und zu wollen, hast ihnen jeden Tag Wasser gegeben.
Vergiss nie: Wir alle zeigen Risse und Verwundungen. Aber Gott kann, wenn wir ihn darum bitten, aus unseren Schwächen Wunder machen.«

Weiterführung: Im Leben mehr auf die Blumen an unserem Weg achten als auf unsere Risse und Verwundungen zu schauen, das ist wahre Weisheit.

112. Zartes Grün

Hinführung: Eine plötzliche Krankheit, ein Schicksalsschlag kann uns aus der Bahn werfen. Wir hören eine Begebenheit, in der die Hoffnung wieder wuchs.

Einmal besuchte ein Pfarrer eine kranke Frau. Sie war sehr niedergeschlagen und verzweifelt. Die Krankheit hatte ihre Pläne durcheinandergebracht. Furcht und Hoffnungslosigkeit lagen wie eine erdrückende Last auf der Frau. Der Pfarrer sprach sehr einfühlsam und verständnisvoll mit ihr. Natürlich sprach er auch von den Verheißungen, die in der Bibel stehen. Aber die Frau ließ sich leider nicht ermutigen.
Da stand der Pfarrer auf, trat an das Fenster, schaute eine Weile nach draußen und sagte: »Was haben Sie nur für schlechte Bäume in Ihrem Garten!«
»Wieso?«, fragte die Frau.
»Na ja«, antwortete der Pfarrer, »die Bäume sind kahl und dürr. Ich sehe kein einziges Blatt. Wieso lassen Sie die Bäume nicht umhauen?«

Die kranke Frau schaute den Pfarrer verwundert an und entgegnete: »Es ist doch Winter. Wenn der Frühling kommt, dann schlagen sie bestimmt wieder aus.«
Der Pfarrer schaute die Frau an und sagte: »Mit den Bäumen wissen Sie so gut Bescheid, aber mit sich selbst kommen Sie nicht zurecht. In Ihrem Herzen ist jetzt auch Winter, aber Sie glauben nicht, dass der treue und barmherzige Gott Ihnen einen neuen Frühling schaffen kann.«
Jetzt schien die Frau etwas begriffen zu haben. Sie nickte zustimmend mit dem Kopf. Es folgte ein gutes Gespräch. Hoffnung und Zuversicht brachen auf wie das zarte Grün nach einem bitterkalten Winter.

Weiterführung: Im Herzen liegen auch bei Schicksalsschlägen Knospen bereit, die alles verändern können.

113. Hoffnung heißt: einen langen Atem haben

Hinführung: Manchmal muss Hoffnung mit Geduld gepaart sein.

Es geschah einmal, dass aus der Erde ein Pflänzchen herauswuchs. Es freute sich so sehr über das Licht und die Luft, dass es sich mit allen Kräften entfaltete und größer und größer wurde. Bald konnte man sehen, wie ein kleiner Baum dastand mit zarten Zweigen und Blättern in einem wunderschönen Grün.
Eines Tages ließ das Bäumchen seine Blätter traurig hängen, und auch die Äste neigten sich zur Erde.
Ein Vogel, der in dieser Gegend gerne in den Zweigen der Bäume sang, merkte das, flog herbei und fragte den jungen Baum, was geschehen sei. »Ach«, klagte er, »ich will nicht mehr wachsen. Wenn ich alle die schönen, großen und starken Bäume um mich sehe, wie sie ihre mächtigen Zweige gegen den blauen Himmel recken, dann denke ich: Das schaffst du nie!«
Der Vogel wiegte sich eine Weile auf dem noch sehr biegsamen Ast, auf den er sich gesetzt hatte, und dachte nach. Dann sagte er: »Du

musst Geduld haben. Jeden Tag bekommst du so viel Sonne, Regen und Wind, wie du brauchst. Und auch ich werde in deinen jungen Zweigen singen, gerade so viel, wie du brauchst, um glücklich zu sein.«

Weiterführung: Wenn wir unsere Ansprüche im Alter reduzieren, reichen die kleinen Alltagsfreuden aus, um glücklich zu werden.

Liebe

114. Wenn die Sonne zum Gletscher kommt

Hinführung: Liebe ist unwiderstehlich.

Der Gletscher ist so gewaltig, dass er mir Furcht einflößt. Ohne Hilfe würde ich ihn nie betreten. Und auch, als ich mich ihm nähere, bin ich total beklommen. Ich weiß, ein Fehltritt, und er wird mich verschlingen.
Mit Dynamit kann man ihn nicht sprengen. Er ist zu groß. Eben ein Eisblock, Tausende von Tonnen schwer.
Da kommt die Sonne. Er beginnt zu schmelzen. Wenn sie ihn ausdauernd bescheint, hat selbst er keine Chance.
So ist es mit Gott. Wenn wir an seine Liebe glauben, schmilzt auch die Angst.

Weiterführung: Darum ist die Sonne ein wunderbares Gleichnis für Gott. Er kann auch die vereisten Stellen unseres Herzens auftauen lassen,

115. Liebe verändert

Hinführung: Die folgende, symbolische Geschichte beschreibt die Liebe als Sonne.

Einmal erfuhr die Sonne von einem Tal, welches sie noch nie gesehen hatte.
»Es lohnt nicht, es zu besuchen«, sagte der Mond, »im Tal ist alles kahl, kalt und steinig.«
Dennoch machte die Sonne sich auf, das Tal zu suchen.
Zwischen schroffen Felswänden fand sie es dann auch, genau, wie es ihr der Mond beschrieben hatte.
Ganz vorsichtig näherte sie sich, und im Tal dämmerte erstmals ein Morgen. Die Sonne blinzelte behutsam ein paar Strahlen über die Berge hinein ins Tal.
Wie eine Hand sich zärtlich auf eine andere legt, legte sie schließlich die Strahlen warm in die Talsohle.
Als der Mond einige Zeit später fahl in das einst so kahle Tal leuchtete, traute er seinen Augen kaum. Überall war saftiges Grün und farbenfrohes Blütenmeer. Selbst zwischen den schroffen Felsen schauten trotzig einige Blüten hervor,
Unglaublich, was einige freundliche Strahlen und etwas Wärme in einem dunklen Tal bewirken können.

Weiterführung: Wir können es ausprobieren: Freundlichkeit und Liebe sind unwiderstehlich.

116. Wo Liebe sich hingibt

Hinführung: Liebe ist wie Regen auf die Dünen der Wüste. Und was geschieht dann?

Ein starker Wind trieb eine kleine Wolke, die gerade über dem Mittelmeer geboren wurde, in den goldenen Sand der Sahara. Eine junge Düne, die gerade der Wind gebildet hatte, sagte ihr: »Weißt du, dass wir in der Wüste den Regen das ›Paradies‹ nennen? Weil wir danach mit Kräutern und Blumen übersät sind.«

Die Wolke lächelte: »Ich finde dich schön und würde gerne bei dir bleiben!«
»Aber du wirst sterben, wenn du dein schönes weißes Haar in Regen verwandelst!«, antwortete die Düne.
»Die Liebe stirbt nie, sie verändert sich nur«, sagte die Wolke mit Überzeugung und liebkoste die Düne mit kleinen Tropfen, bis ein Regenbogen erschien.
Am nächsten Tag war die kleine Düne mit Blumen übersät. Andere Wolken ließen verzückt ebenfalls Regen fallen.
Und nach zwanzig Jahren war aus der Düne eine Oase geworden, die Reisende im Schatten der Palmen erfrischte.

Weiterführung: Liebe in uns ist göttlich: Sie gebiert immer wieder neues Leben.

117. Nichts Schöneres als Liebe weitergeben

Hinführung: Ein Kind erfährt zum ersten Mal bewusst, was Liebe bewirken kann. Und Kinder brauchen unser Vorbild.

Meine Mutter sprach oft davon: An jenem Ostersonntag war sie, damals achtjährig, nach der Kirche zu dem festlich und endlich wieder reich gedeckten Frühstückstisch heimgeeilt.
Gerade als die Familie mit dem Mahl beginnen wollte, klopfte es an der Wohnungstür. Sie lief öffnen. Draußen stand ein alter Mann, der um eine kleine Gabe bat.
Während ihr Vater seine Geldtasche zog, meinte die Mutter: »Sollte es zu Ostern nicht etwas anderes sein?«
Der Vater nickte freundlich, und ihre Mutter schnitt eine dicke Scheibe Schinken ab, nahm eine von den Räucherwürsten und ein paar Eier und legte noch ein Stück Milchbrot dazu. Das alles packte sie in ein weißes Papier und ließ es die kleine Gerti dem Alten bringen.

Der stutzte zuerst, dann nahm er das Gereichte unter mehrmaliger Verbeugung dankend an sich. Gerti schloss die Tür und blieb hinter dem Vorhang stehen. Nachdem der Alte einige Schritte abwärts gegangen war, hielt er inne, um das Paket zu öffnen.
Plötzlich machte er kehrt und kam wieder zurück. Er klopfte. Gerti öffnete. Da griff der Greis, dessen Gesicht eine einzige Freude war, unsicher nach der Hand des Kindes und küsste sie.
Gerti wurde seltsam zumute, ein heißes Würgen schnürte ihre Kehle zu – und mit einem Male musste sie losweinen.
Drinnen erzählte sie das Erlebte ihren Eltern. Vater strich Mutter wortlos übers Haar und zog das Töchterchen an sich.
Da sagte Mutter mit leiser Stimme: »Es gibt nichts Schöneres als Schenken, Gerti! Wer schenkt, kann nie ganz unglücklich sein!«

Weiterführung: Es ist das Geheimnis der Liebe: Wer glücklich machen will, wird selbst darüber glücklich.

118. Reich beschenkt

Hinführung: Im Alter blicken wir zurück. Wer Liebe verschenkte, hat auch sich selbst etwas Gutes getan. Wir hören, wie ein alter Mann seine Erfahrungen mit einem Apfelbaum vergleicht.

»Wissen Sie«, sagte der Alte, als ihn ein Besucher nach der Liebe fragte, »in unserem Garten steht ein alter Apfelbaum. Schon im Jahr, als wir heirateten, stand er dort, und schon damals war er in die Jahre gekommen. An dem Tag unserer Hochzeit aber, in jenem Mai, stand er in voller Blüte. Über und über war er voll mit leuchtend weißen Blüten, so dass man das alte Holz in den Ästen unter dem Blütenmeer nur noch vermuten konnte.
Im Herbst dann brachen die Äste beinahe unter der süßen Apfellast.
Im Frühjahr darauf wartete ich jedoch vergeblich auf die Blüten und der Herbst brachte keine Früchte. Es war mir seither nie aufgefallen,

aber der Baum – er blüht nur jedes zweite Jahr, und nur jeden zweiten Herbst reifen die Äpfel.
Nun fragen Sie mich nach der Liebe? Vielleicht ist sie wie dieser Apfelbaum: Nicht jeder Tag bringt strahlende Blüten oder reiche Ernte.
Aber wenn ich heute an die Liebe denke, so sehe ich mich staunend und voller Freude unter dem blühenden Apfelbaum stehend.
Wenn ich heute an die Liebe denke, so sehe ich mich körbeweise Früchte ernten.
Sicher, da waren Zeiten ohne Blüte und ohne Früchte. Aber wenn Sie mich heute nach der Liebe fragen, so nehme ich Sie mit in meinen Garten zu einem alten Baum. Und ich sage Ihnen, die Liebe ist wie er: Sie hat mich immer wieder reich beschenkt.«
Seine Frau sah ihn wortlos an und legte ihre faltige Hand auf die seine. Und es war, als spiegelten sich in ihren feuchten Augen Blüten und Früchte eines alten Apfelbaumes.

Weiterführung: Schon die Blüte des Apfelbaumes gibt sich hin: lässt die Biene zu. Nur im Sich-Hingeben können Früchte wachsen.

119. Liebe kann ungeahnte Kräfte entfalten

Hinführung: Liebe kann Berge versetzen.

Die Ärzte wussten, dass die alte Dame nicht mehr lange leben würde. Aber dann traf die Hiobsbotschaft ein: Verkehrsunfall – Sohn und Schwiegertochter tot, die beiden Enkel, sieben und vier Jahre alt, überlebten und standen jetzt alleine da.
Nach dem Schock regten sich in der alten Dame neue Lebensgeister. Sie ließ sich auf eigene Verantwortung entlassen, wurde in den nächsten Wochen so aktiv, dass die Nachbarn an eine falsche Diagnose glaubten: Sie fing die verstörten Enkel auf, wickelte die leidigen Erledigungen ab und brachte die Kinder schließlich gut unter.

Mit einem müden Lächeln kehrte die alte Dame nach gut einem Monat in die Klinik zurück: »Es ist geschafft, Herr Doktor«, sagte sie mit einem Seufzer. Sprachs, legte sich ins Bett und lag dann tagelang sehr still. Sie verfiel unaufhaltsam. Nach einer Woche drückte man ihr die Augen zu.

Weiterführung: Was Wille und Liebe vermögen!

120. Den Feind in mir lieben

Hinführung: Manche sehen die Sonne des Lebens nicht, weil sie zu sehr auf die Wolken schauen.

Der Sohn eines Rabbi verweilte einmal den ganzen Tag eines Sabbats in einem nahe gelegenen Städtchen. Als er zurückkam, fragten ihn die Leute: »Haben die Leute dort irgendetwas anderes gemacht als wir?«
»Das haben sie allerdings!«, antwortete der Sohn.
»Und worin bestand die Lehre?«, wollten sie wissen.
»Liebe deinen Feind wie dich selbst!«
Da schüttelten sie den Kopf: »Das sagen wir doch auch hier! Wie kannst du dort etwas anderes gelernt haben?«
Da lächelte der Sohn des Rabbi: »Sie lehrten mich, den ›Feind‹ *in mir selbst* zu lieben!«

Weiterführung: Wir spüren manchmal »Drachen« in uns, die uns in eine Richtung ziehen, die wir eigentlich nicht wollen. Diese Drachen an die Leine zu nehmen und ihre Kräfte zum Guten einzusetzen, verändert uns und die Welt.

Lebensweisheiten auf dem Weg zum Glück

121. Glücklich machen

Hinführung: Wie werde ich glücklich? Das fragen wir uns doch manchmal.
Wir hören, wie es geht.

Ein Geschäftsmann wollte vom Meister wissen, was das Geheimnis eines erfüllten Lebens sei.
Da sagte der Meister: »Mach jeden Tag einen Menschen etwas glücklicher!«
Und er fügte als nachträglichen Gedanken hinzu:
»… selbst, wenn dieser Mensch du selbst bist.«
Nur wenig später sagte er: »Vor allem, wenn dieser Mensch du selbst bist.«

Weiterführung: Wenn wir morgens zum ersten Mal in den Spiegel schauen und uns dann bewusst anlachen, sind wir schon auf dem richtigen Weg zum Glücklichsein.

122. Der »Glückstag«

Hinführung: Das große Glück spaziert für uns nicht an der Tür herein. Für die allermeisten Menschen besteht Glück aus vielen ganz kleinen positiven Erfahrungen.

Otto N. war eigentlich gar nicht abergläubisch. Weder schwarze Katzen noch Vierkleeblätter, weder Schornsteinfeger noch Spinnen am Morgen konnten ihn beeindrucken.
Als aber mitten im Getriebe der Computermesse eine exotische Dame geradewegs auf ihn zueilte, als habe sie ihn längst erwartet, seine Hand ergriff und ihm verkündete, der 8. Juni werde sein besonderer

Glückstag sein, entlohnte er sie reichlich. Und wartete von nun an jenem Tag entgegen wie ein Kind dem Weihnachtsfest.
Am 8. Juni wachte er schon vor der Sonne auf, bereit für die Erfüllung aller seiner Wünsche.
Jedoch der Tag ging hin wie tausend andere, und nichts erfolgte, jedenfalls nichts Nennenswertes.
Am Abend kam ein Freund und blieb bis Mitternacht. Kaum war der zwölfte Schlag der Uhr verklungen, als Otto N. Empörung sprühte: »Das Weib hat mich geprellt; das Glück hat mich betrogen!«
»Vermutlich bist du krank«, meinte der Freund.
Otto verneinte.
Aber du hast gestern einen Unfall gehabt?«
»Nein, Gott sei Dank.«
»Du bist nicht satt geworden, hattest Geldeinbußen, einen Todesfall?«
»Du fantasierst! Natürlich nichts von alledem.«
»Und da behauptest du, dass dieser 8. Juni für dich kein Glückstag war?«

Weiterführung: Also aufgepasst: Der heutige Tag kann für uns ein Glückstag sein.

123. Glücksmomente

Hinführung: Den positiven Blick dafür, wie viel Glück uns jeden Tag begegnet, kann man einüben. Hören wir den folgenden Tipp:

Eine Frau verließ niemals das Haus, ohne sich vorher eine Hand voll Glassteinchen einzustecken: Sie wollte die schönen Momente des Tages bewusst wahrnehmen, um sie besser zählen zu können. Für jede gute, schöne und positive Kleinigkeit, die sie während des Tages erlebte (z.B. ein lustiges Schwätzchen, strahlende Kinderaugen, ein gutes Essen, eine kleine Aufmerksamkeit ...), und für alles, was die Sinne erfreute, ließ sie ein Glassteinchen von der rechten in die linke Jackentasche gleiten. Manchmal waren es gleich zwei oder drei. Abends zu Hause zählte sie dann die Glassteinchen aus der linken Jackentasche. Sie zelebrierte die Minuten. Sie führte sich dann vor Augen, wie viel Schönes und Gutes ihr an diesem Tag begegnet war. Sie freute sich und dankte ihrem Schöpfer. Und sogar dann, wenn sie nur *ein* Glassteinchen zählen konnte, war es ein gelungener Tag – ein Tag, an dem es sich zu leben gelohnt hatte.

Weiterführung: Probieren wir es ruhig einmal aus – mit 10 Glassteinchen.

124. Wir haben alle gleich viel

Hinführung: Wer lebt glücklicher?: Eine Eintagsfliege oder wir, die wir häufig 80 Jahre und mehr erreichen?

An einem warmen Sommertag hatte die Eintagsfliege um die Krone eines alten Baumes getanzt, geschwebt und sich glücklich gefühlt. Als sich das kleine Geschöpf einen Augenblick in stiller Glückseligkeit auf den großen, frischen Blättern ausruhte, sagte der Baum: »Arme Kleine! Nur einen einzigen Tag währt dein ganzes Leben! Wie kurz das ist! Wie traurig!«
»Traurig?«, erwiderte die Eintagsfliege, »was meinst du damit? Alles ist so herrlich leicht, so warm und schön, und ich selbst bin so glücklich!«
»Aber nur *einen* Tag, und dann ist alles vorbei!«
»Vorbei!«, sagte die Eintagsfliege, »was ist vorbei? Bist du auch vorbei?«
»Nein, ich lebe Tausende von deinen Tagen, und meine Tage sind ganze Jahreszeiten! Das ist etwas so Langes, dass du es gar nicht ausrechnen kannst!«
»Nein, denn ich verstehe dich nicht! Du bist Tausende von meinen Tagen, aber ich habe Tausende von Augenblicken, in denen ich froh und glücklich sein kann! Hört denn alle Herrlichkeit dieser Welt auf, wenn du einmal stirbst?«

»Nein«, sagte der Baum, »die währt gewiss viel länger, unendlich viel länger, als ich denken kann!«
»Aber dann haben wir ja gleich viel, nur dass wir verschieden rechnen.«

Weiterführung: Lebe den Augenblick – das ist entscheidend.

125. Offen sein für Verwandlungen

Hinführung: Wir hören von einem Mann, der in drei Begegnungen die Lebensstufen durcheilt – mit all den Freuden, Schönheiten, Aufgaben und Lasten. Wer sie annimmt, findet auch das Leben in der Abendsonne des Alters noch schön.

Aus China ist eine alte Legende überliefert: Ein weiser alter Mann traf auf seinem Weg ein junges Mädchen. Er freute sich an der anmutigen Erscheinung und an ihrer Schönheit. Weil er voll Ehrfurcht war vor dem Leben, auch vor der Jugend, verbeugte er sich tief vor dem Mädchen.
Er sagte: »Du bist ein hübsches Mädchen. Sage mir doch, wie alt du bist!«
Wie es fernöstliche Art ist, verbeugte sich auch das Mädchen vor dem Alten. Errötend vor Freude sagte es: »Ihr seid in einem ehrwürdigen Alter, aber ich bin erst sechzehn Jahre alt!«
Und der alte Mann sagte: »Du bist wirklich sehr schön. Vor dir liegen noch viele Jahre voll Freude und Lebensreichtum. Sei nur nicht traurig, wenn die Jahre der Jugend schnell vergehen und mit ihr deine jetzige Schönheit. Wenn du gütig bist, wird deine Schönheit nie weichen. Sie wird sich wandeln zur Reife und Würde des Alters!«
Das Mädchen verstand. Noch tiefer als zuvor, verbeugte es sich vor der Weisheit des alten Mannes, bevor sie sich trennten.

Auf seinem Weg begegnete dem Alten eine junge Frau, die ein Kind an der Hand führte. Er schaute sie freundlich an. Auch vor ihr verbeugte er sich tief.

Er sagte: »Du bist eine glückliche Frau, so schön wie der heutige Tag. Die Sonne scheint auf dein freundliches Gesicht. Ja, du stehst im Licht der Blüte deiner Jahre. Sei nicht traurig, wenn die Zeit schnell vergeht und die Jahre deines Lebens sich neigen. Du wirst an das Ziel deines Weges kommen. Jeden Tag musst du dankbar annehmen. Wenn du wirklich lebendig lebst, wirst du zur Weisheit des Alters gelangen. Deine Kinder und Enkelkinder werden dir mit Ehrfurcht begegnen und von deiner Weisheit lernen!«

Die junge Frau hatte ihm dankbar zugehört. Beide verbeugten sich und gingen ihrer Wege.

Der weise Alte traf auf eine andere Frau mit weißem Haar. Vom Alter gebeugt, saß sie auf einer Bank am Weg. Die untergehende Sonne ließ die vielen Falten ihres Gesichtes scharf hervortreten. Der weise alte Mann trat zu ihr und verbeugte sich diesmal besonders tief vor der Greisin.

»Ihr seid ein glücklicher Mensch«, sagte er, »weil ihr am Ziel des Lebens seid. Was ihr in achtzig Jahren gelebt und erfahren habt, tragt ihr in euch. Von Reife und Würde, von Güte und Geduld, von Ruhe und Gelassenheit spricht euer Antlitz zu mir. Ihr habt viel erlebt und gemeistert. Wie Zeichen des Himmels sind darum die kleinen Taten, die ihr noch tun könnt, und in den wenigen Worten, die ihr noch sagt, schwingt himmlische Weisheit!«

Lächelnd sah die Alte den Alten an. Sie deutete auf den Platz neben sich, und der Alte setzte sich zu ihr. Beide waren am Ziel ihres Weges. Gemeinsam schauten sie in die sinkende Sonne, die den Himmel in rotgoldenes Licht tauchte.

Weiterführung: Jedes Lebensalter bringt Verwandlungen mit sich – und birgt Chancen. Das gilt auch für das letzte Lebensalter. Vielleicht muss man hier nur ein wenig länger nachdenken und suchen, um sie zu finden.

126. Uns nicht überfordern

Hinführung: Wer neidisch ist oder auf dem Weg zum Glück zu viele Ansprüche stellt, der erreicht es sicher nicht.

Einmal herrschte eine große Trockenheit in einem Gebiet südlich der Sahara. Das Steppengras kümmerte dahin, die Tiere fanden kein Wasser mehr, die Wüste war ständig im Vormarsch. Selbst dicke Bäume und an Dürre gewohnte Sträucher sahen ihrem Ende entgegen. Brunnen und Flüsse waren längst versiegt.
Nur eine einzige Blume überlebte die Trockenheit. Sie wuchs nahe einer winzigen Quelle. Doch auch die Quelle war dem Verzweifeln nahe: »Wozu mühe ich mich wegen dieser einzigen Blume, wo doch ringsum schon alles dürr ist?«
Da beugte sich ein alter Baum über die kleine Quelle und sagte, ehe er selbst starb: »Liebe kleine Quelle, niemand erwartet von dir, dass du die ganze Wüste zum Grünen bringst. Deine Aufgabe ist es, einer *einzigen* Blume Leben zu spenden, mehr nicht.«

Weiterführung: Ein wenig Leben spenden ist das Geländer zum Glück.

127. In den Spiegel schauen

Hinführung: Wir brauchen viel weniger Muskeln im Gesicht, wenn wir entspannt lächeln.

Ein Mann sagte zum Rabbi: »Manchmal könnte ich in meiner Wut über einen Gegner herfallen – ja wie ein Wolf. Was kann ich dagegen tun?« Der Rabbi sprach: »Schau dann einmal in den Spiegel: Hundert Muskeln sind in deinem Gesicht angespannt. Du siehst fürchterlich aus, ja: hässlich. Eigentlich weißt du, was du tun müsstest! Da hilft auch keine Salbe oder eine Schönheitsoperation. Da hilft nur, langsam und ruhig auszuatmen, dann tief einzuatmen und dich im Spiegel einmal anzulächeln. Und dann merkst du: Du siehst schon viel besser aus. Ja, es ist so einfach: Ausatmen, ruhig ausatmen, tief einatmen, ganz tief, lächeln und spüren, wie aller Druck nachlässt.«

Weiterführung: Also: Das Loslassen üben; all das, was uns belastet, abschütteln, dann ... Es wäre so einfach!

128. Die siebte Flöte

Hinführung: Wir stehen uns selbst im Wege, wenn wir auch im Alter noch Leistung und Erfolg suchen. Da, wo wir stehen, sind wir wichtig.

Eine englische Zeitschrift berichtet von einem bekannten Dirigenten, er habe einmal eine Probe unterbrochen, obwohl scheinbar alles glattging, und gerufen: »Wo bleibt die siebte Flöte?«
Er habe nicht nach der ersten noch nach der zweiten Flöte gefragt; nein, die siebte sei ihm noch wichtig genug gewesen für die Klangfülle des Orchesters.

Weiterführung: Wir, alles siebte Flöten! Aber jeder von uns ist dabei wichtig.

Positiv denken

129. Das rosa Tütchen

Hinweis: Für jede/n ein kleines gebasteltes rosa Tütchen zum Erinnern!

Hinführung: Im Alter neigen wir dazu, die Zukunft schwarz zu sehen. Aber diese Denkart verkürzt nur unser Leben.

Als ich eines Tages, wie so oft, traurig durch den Park schlenderte und mich auf einer Parkbank niederließ, um über alles nachzudenken, was in meinem Leben schief läuft, setzte sich ein fröhliches, junges Mädchen zu mir. Sie spürte meine Stimmung und fragte: »Warum bist du traurig?«

»Ach«, sagte ich, »ich habe keine Freude am Leben. Alle sind gegen mich. Alles läuft schief. Ich habe kein Glück und weiß nicht, wie es weitergehen soll.«

»Hmmm«, meinte das Mädchen, »wo hast du dein rosa Tütchen? Zeig es mir mal. Ich möchte da mal hineinschauen.«

»Was für ein rosa Tütchen?«, fragte ich sie verwundert. »Ich habe nur ein schwarzes Tütchen.« Wortlos reichte ich es ihr.

Vorsichtig öffnete sie es und sah hinein. Ich bemerkte, wie sie erschrak. »Es ist ja voller Alpträume, voller Unglück und schlimmer Erlebnisse!«

»Was soll ich machen? Es ist eben so. Daran kann ich nichts ändern.«

»Hier, nimm«, meinte das Mädchen und reichte mir ein rosa Tütchen. »Sieh hinein!«

Mit etwas zitternden Händen öffnete ich das rosa Tütchen und konnte sehen, dass es voll war mit Erinnerungen an schöne Momente des Lebens.

Und das, obwohl das Mädchen noch jung war.

»Wo ist dein schwarzes Tütchen?«, fragte ich neugierig.

»Das werfe ich jede Woche in den Müll und kümmere mich nicht weiter drum«, sagte sie. »Für mich besteht der Sinn des Lebens darin, mein rosa Tütchen im Laufe des Lebens vollzubekommen. Da stopfe ich so viel wie möglich hinein. Immer wenn ich Lust dazu habe oder beginne, traurig zu werden, dann öffne ich mein rosa Tütchen, schaue hinein und es geht mir sofort besser. Wenn ich einmal alt bin, dann habe ich immer noch mein rosa Tütchen. Es wird voll sein bis obenhin und ich kann sagen: ›Ja, ich hatte etwas vom Leben. Mein Leben hatte einen Sinn!‹«

Noch während ich verwundert über ihre Worte nachdachte, gab sie mir einen Kuss auf die Wange und war verschwunden. Neben mir auf

der Bank lag ein rosa Tütchen mit der Aufschrift: Für Dich! Ich öffnete es zaghaft und warf einen Blick hinein. Es war fast leer bis auf einen kleinen zärtlichen Kuss, den ich von dem jungen Mädchen auf einer Parkbank erhalten hatte.
Bei dem Gedanken daran musste ich schmunzeln und mir wurde warm ums Herz. Glücklich machte ich mich auf den Heimweg. Und ich vergaß nicht, mich am nächsten Papierkorb meines schwarzen Tütchens zu entledigen.

Weiterführung: Dieses Denken kann man einüben: Das schenkt unserer Seele Flügel!

130. Vom Glück der Sinne

Hinführung: Morgens auf der Bettkante kann ich mich schon zum ersten Mal freuen: Ich kann doch noch denken und Arme und Beine bewegen! Was wäre denn, wenn nur einer unserer Sinne nicht mehr zu gebrauchen wäre!?

Der Konzertpianist Artur Rubinstein (1887–1982) war mit 21 Jahren so am Ende, dass er sich erhängen wollte. Irgendetwas muss dann aber geschehen sein, denn plötzlich bekam er den positiven Blick; er sah die Welt mit anderen Augen an.
Später konnte er schreiben: »Sehen Sie, das Leben hält so wunderbare Dinge für uns bereit: Blumen, Musik, Poesie, Bücher, Gedanken, Liebe. Das kann uns niemand wegnehmen. Ich habe eine merkwürdige Gewohnheit: Ich freue mich jeden Morgen, wenn ich aufstehe, dass ich noch sehen kann, hören kann, riechen kann; dass ich noch alle Sinne besitze; dass ich noch gehen kann. Das sind doch wunderbare Geschenke! Es könnte ja auch anders sein. Gut, auch damit müsste ich mich abfinden. Aber man muss doch ein bisschen dankbar sein. Wir sind so undankbar. Wir haben alle unsere Sinne. Aber wenn einem Menschen hundert Franken fehlen, um Kaviar oder etwas anderes Un-

nötiges zu kaufen, dann schimpft er und findet das Leben scheußlich. Wir jammern über Kleinigkeiten und sehen nicht die großen Dinge, die uns geschenkt sind.«

Weiterführung: Das Leben hält auch für uns so wunderbare Dinge bereit. Sind wir blind dafür?

131. Was ich alles noch kann

Hinführung: Nach einem Schlaganfall oder einer schweren Krankheit schauen viele auf das, was sie jetzt nicht mehr können. Aber es ist für Herz und Seele viel heilsamer, den Blick auf das zu richten, was ich noch kann.

Ein Mann hatte plötzlich sein Augenlicht verloren und geriet danach in eine schreckliche Depression. Bis ihn ein Freund eindringlich bat: »Wenn du da rauskommen willst, zwing dich bitte dazu, eine Liste anzulegen mit all dem, was du noch kannst.« Und er gab ihm ein Diktiergerät. »Führe zum Beispiel auf: ›Ich kann noch den Duft von Blumen riechen!‹«
Lange wehrte sich der Blinde dagegen. Aber schließlich war er bereit. Als sie sich nach zwei Monaten wieder trafen, wirkte der erblindete Mann ausgeglichen; ja, er lächelte sogar.
»Du hast dich positiv verändert«, sagte der Freund sofort. »Wie viel Pluspunkte hast du denn bisher gefunden?« Dann staunte der Freund, als er die Antwort hörte: »Im Augenblick sind es etwa tausend. Je mehr ich nachdenke, umso mehr rückt meine Begrenzung in den Hintergrund. Es gibt noch tausend Dinge, die ich kann. Und ich habe mich fest entschlossen, sie im Rest meines Lebens auszuprobieren!«

Weiterführung: Positiv die Welt ansehen und staunen über all das, was ich noch kann.

132. Vögel singen nach einem Sturm

Hinführung: Wer sich an negativen Gedanken festbeißt, verkürzt nur sein Leben. Wir hören das Beispiel einer Frau, die immer positiv dachte.

Rose Kennedy, die Mutter von John F. Kennedy, musste erleiden, dass vier ihrer neun Kinder eines gewaltsamen Todes starben. Und die Tochter Rosemary war ihr ganzes Leben lang schwer behindert. Rose Kennedy überlebte ihren Mann lange genug, um in der Presse immer wieder dessen ziemlich hemmungsloses und skrupelloses Leben nachlesen zu können.

Mit 93 Jahren wurde sie von einem Zeitschriftenreporter interviewt, der sie dann auch fragte: »Wie konnten Sie mit all diesen Belastungen so lange leben?« Da sagte Rose Kennedy langsam: »Ich habe immer dran geglaubt, dass Gott uns kein schwereres Kreuz auferlegt, als wir tragen können. Und ich habe unter allen Umständen immer geglaubt, dass Gott unser Glück will. Er will nicht, dass wir in Traurigkeit versinken. Vögel singen nach einem Sturm. Warum sollten wir das nicht tun?«

Weiterführung: Was für ein Bekenntnis! Mit dem Glauben an einen gütigen Gott können wir viel leichter Hürden nehmen.

133. Was für Bewohner!

Hinführung: Wie fühlen Sie sich hier im Seniorenheim?

Der Direktor eines Seniorenheims erzählte mir folgende kleine Geschichte: Kurz hintereinander baten zwei ältere Damen, das Seniorenheim besichtigen zu dürfen. »Ich suche einen Platz in einem gepflegten Heim mit entsprechendem Ambiente«, sagte Charlotte W.

Der Direktor begleitete sie durch alle Räume und stand Rede und Antwort. »Ich hoffe, dass die Bewohner dieses Heims angenehmer sind als

die Nachbarn in meiner augenblicklichen Umgebung«, bemerkte die Besucherin.
»Wie sind denn Ihre Nachbarn?«, wollte der Direktor wissen. »Sie sind anmaßend, arrogant, rechthaberisch und unduldsam«, klagte Charlotte. »Tja«, sagte der Direktor und wiegte bedenklich den Kopf. »Ich fürchte, diese Art Leute gibt es überall. Sie werden sie leider auch hier finden.« Das war am Montag.
Am Mittwoch kam Johanna S. mit dem gleichen Anliegen. Als sie sich nach den Bewohnern des Hauses erkundigte, fügte sie hinzu: »Wissen Sie, es fällt mir sehr schwer, aus meiner Wohnung wegzugehen. Nicht nur wegen der vertrauten Umgebung, sondern auch wegen der Nachbarn. Alle sind so hilfsbereit, freundlich und fürsorglich. Hin und wieder trägt mir sogar jemand meine Einkaufstasche in die Wohnung. Selbst junge Leute, die es eilig haben, halten manchmal die Haustüre auf, wenn ich schwer beladen bin.«
Der Direktor nickte verstehend: »Sie werden froh sein zu hören, dass es in diesem Hause sehr viele nette, gesellige und aufgeschlossene Menschen gibt. Ich bin sicher, Sie werden sich bei uns sehr schnell heimisch und wohl fühlen.«

Weiterführung: Es heißt doch richtig: Wie man in den Wald hineinruft, so schallt es heraus!

134. Einander helfen

Hinführung: Gerade viele ältere Menschen müssen mit Behinderungen und Einschränkungen leben und sind auf die Hilfe anderer angewiesen. Das ist nicht leicht. Vielleicht kann es helfen, sich bewusst zu machen, wo die eigenen Talente liegen, die ich einbringen kann.

Ein Blinder und ein Lahmer wurden von einem Waldbrand überrascht. Die beiden gerieten in Angst. Der Blinde floh gerade aufs Feuer zu. Der Lahme rief: »Flieh nicht dorthin!«

Der Blinde fragte: »Wohin soll ich mich wenden?«
Der Lahme: »Ich könnte dir den Weg vorwärts zeigen, so weit du wolltest, da ich aber lahm bin, so nimm mich auf deine Schultern, damit ich dir angebe, wo du den Schlangen, Dornen, dem Feuer und anderen Gefahren aus dem Weg gehen kannst, und damit ich dich glücklich in die Stadt weisen kann.«
Der Blinde richtete sich nach des Lahmen Worten, und so gelangten die beiden wohlbehalten in die Stadt.

Weiterführung: Für sich allein oder zusammen mit anderen einmal gezielt auf das schauen, was noch möglich ist – auch gemeinsam –, und hier die Schwerpunkte setzen.

135. Das freundliche Gesicht

Hinführung: Mit positiven Gedanken schlafen wir abends schneller ein. Und wenn wir uns morgens im Spiegel fröhlich zuzwinkerten, hätten wir für den ganzen Tag schon ein gutes Signal gesetzt.

Eine alte alleinstehende Frau war zu einem Fotografen gegangen, um sich ein Foto machen zu lassen. Sie setzte sich zurecht. Der Fotograf lud sie ein: »Bitte etwas freundlicher!« Die alte Frau versuchte es. Doch es gelang ihr nicht. »Sie müssen freundlicher dreinschauen«, wiederholte der Fotograf. »Aber wie macht man das?«, wollte die alte Frau wissen. »Das kommt von innen!«, erwiderte er. »Sie müssen von innen her freundlich dreinschauen!« Die Frau gab sich Mühe. »So«, sagte der Fotograf. »Jetzt sehen Sie schon zwanzig Jahre jünger aus.«
Als die Bilder fertig waren, war es für sie eine Offenbarung. Sie sah das Licht in ihren Augen. Da stellte sie sich vor ihren Spiegel und sagte zu sich selbst: »Bitte recht freundlich! Noch freundlicher!« Ein Lächeln lief über ihr Gesicht. – »Wie machen Sie das bloß? Sie sehen ja viel jünger aus!«, fragten die andern. – »Ach«, sagte sie, »das kommt von innen!«

Weiterführung: Von innen her die Welt freundlich anschauen, lässt ein Leuchten in unseren Augen zurück.

136. Ein Lächeln

Hinführung: Es fällt schwer, noch Kinder oder Jugendliche zu grüßen, wenn sie Stöpsel in den Ohren haben und den Kopf über ihrem I-Pad gesenkt halten. – Wir hören eine Begebenheit, die uns zeigt, was ein Gruß mit einem Lächeln im Gesicht bewirken kann.

Denke ich an die Zeit zurück, als ich – zwanzig Jahre jung – in der Ausbildung stand, so scheint es mir, als wäre ich damals immer traurig gewesen, trübsinnig vor Liebeskummer bis an die Grenze der Depression. Morgens war es am schlimmsten. Ich wünschte mich abgrundtief zurück in den Schlaf, und auf dem Weg ins Geschäft graute mir vor dem glanzlosen Tag.

Jeden Morgen um dieselbe Zeit kreuzte eine Radfahrerin meinen Weg, eine kleine, unauffällige Frau, offenbar eine Arbeiterin auf dem Weg zur nahen Textilfabrik. Auch sie wirkte lustlos, in der Mühle des Alltags verschlissen, eine Leidensgenossin. Jede fuhr – oder ging – ihren monotonen Weg gestern wie heute und wahrscheinlich auch morgen.

Eines Tages aber, plötzlich, blickt sie mich an, einfach so, wie man eben die Augen umherschweifen lässt. Ich fühle mich in meinen trüben Gedanken aufgestört und nicke andeutungsweise. Da geschieht es, dass die kleine, unscheinbare Frau für einen Augenblick aufstrahlt wie die Sonne zwischen Regenwolken. Mit dem charmantesten Lächeln, das mir je begegnet ist, grüßt sie zurück.

Bis zum heutigen Tag habe ich niemals solch ein reizendes Lächeln gesehen. Jeder Hollywoodstar, der vor der Kamera seine Zähne zeigt, müsste verblassen vor Neid vor dem Charme dieser Arbeiterin.

In der Hoffnung, sie wieder strahlen zu sehn, grüßte ich die Unbekannte am nächsten Tag schon von Weitem. Und wirklich: sie lächelte, reizend wie gestern, zurück.

Unser Grußkontakt blieb, solange unsere Wege sich kreuzten, ein Ritual jeden Morgens. Oft war es der einzige Lichtstahl an einem grauen Tag, ein Funke Glück.
Ich habe den Namen der kleinen Arbeiterin niemals erfahren und sie wahrscheinlich nicht den meinen. Sie hat mich gelehrt, dass man Lächeln verschenken kann.

Weiterführung: Ein Lächeln verschenken – kostet nichts, aber bringt so viel!

Freundschaft mit Tieren

137. Tierisch gute Kommunikation

Hinführung: Wer einen Blick für Tiere hat, kann sich freuen, ja sogar staunen.

Ein alter Mann ging eines Tages im Park seines Seniorenheimes spazieren. Da sah er, ein Vogelliebhaber und -kenner, einen jungen Raben auf dem Weg sitzen, der aus dem Nest gefallen war. Eine leichte Beute für Katzen!
Die Rabenmutter saß beobachtend im Baum. Da setzte er den jungen Raben auf einen hohen Baum und brachte ihn so in Sicherheit.
Die Rabenmutter hatte alles beobachtet und fütterte ihr Junges von da ab auf dem Baum, bis es flügge war. Und bis heute, wenn der alte Mann im Park seine Runden dreht, begrüßt ihn die Rabenmutter immer mit einem »Kroh, Kroh« und – er pfeift zurück.
»Manchmal«, meint er, »ist die Kommunikation mit einem Vogel einfacher, als es bei vielen Menschen der Fall ist«.

Weiterführung: Jetzt die Teilnehmer/innen aus eigener Erfahrung erzählen lassen.

138. Die lobhungrige Katze

Hinführung: Wie menschlich und schlau Tiere sein können!

Meine Oma, die Katzen liebte, erzählte gerne, dass eine von den Katzen besonders clever war: Sie fing jeden Tag um die fünf Mäuse, fraß sie aber nicht sofort, sondern legte sie zuerst in Reih und Glied in den Hausflur. Wenn meine Oma dann nach Hause kam, umschnurrte die Katze sie mit einschmeichelnd erhobenem Schwanz. Erst, wenn Oma die Mäuse laut gezählt und ihr ein paarmal lobend das Fell gestreichelt hatte, trug sie die Mäuse zu ihren Jungen oder verschlang sie selbst.

Weiterführung: Jetzt die Teilnehmer/innen erzählen lassen.
Mehr loben erfreut auch uns Menschen.

139. Der behinderte Hund

Hinführung: Die meisten Kinder haben ein Gespür für Tiere. Von einem besonderen Kind darf ich berichten:

Ein Landwirt heftete ein Schild ans Tor, auf dem stand: »Welpen zu verkaufen!«
Bald darauf erschien ein kleiner Junge, griff in die Tasche und sagte: »Hier habe ich zwei Euro und 37 Cents; kann ich mir sie bitte ansehen?«
Der Besitzer pfiff und die »Lady« kam aus der Hundehütte, gefolgt von fünf winzigen Welpen. Einer hinkte etwas. Nach diesem griff der Junge und wollte wissen, was mit dem kleinen Kerl los sei.
»Der Tierarzt hat Fehler in den Gelenken festgestellt«, antwortete der Landwirt, »er wird wohl immer hinken.«
Dieses Hundebaby wollte der Junge kaufen. Obwohl der Landwirt es ihm schenken wollte, sagte der Junge: »Auch der ist sein Geld wert. Ich bringe jede Woche, was ich habe, bis es genug ist!«

»Aber warum willst du den kranken Hund? Er kann nie richtig mit dir spielen oder einen Berg hoch!?«
Da bückte sich der Junge, rollte sein Hosenbein hoch, zeigte sein verdrehtes behindertes Bein, das durch eine Metallschiene gestützt wurde, und sagte: »Ich laufe selbst nicht gut. Der Kleine wird jemand brauchen, der ihn versteht.«

Weiterführung: Es begegnen uns jeden Tag Menschen, die jemanden brauchen, der sie versteht.

140. Gemeinsam schaffen sie alles

Hinführung: Menschen können von Tieren lernen. Ein Beispiel:

Im antarktischen Winter, dort, wo die heftigsten Stürme der Welt mit 250 km/h toben und die Temperaturen auf minus 60 Grad fallen, bringen Pinguine ihre Jungen zur Welt. Dabei brüten die Männchen das Ei zwei Monate lang ohne Nahrung aus. Bis die Weibchen das Küken dann »übernehmen«, verlieren sie die Hälfte ihres Gewichts – und dennoch überstehen sie die oft hunderte Kilometer lange Reise an die fischreiche Küste.
Seit Jahren erforschen Wissenschaftler die Fähigkeiten dieser Vögel: Sie wissen, dass Pinguinblut ein natürliches Gefrierschutzmittel enthält; dass ihre Körper einen dreifach geringeren Wasserwiderstand aufweisen als U-Boote. Aber das alles erklärt nicht, wie sie derartige Extreme verkraften.
Doch ist man dem Geheimnis auf der Spur: Wissenschaftler markierten eine ganze Kolonie, um die Meereswanderungen der Tiere nach der Brutzeit zu verfolgen. Dann erkannten sie: Pinguine bleiben zu Tausenden, ja zu Zehntausenden immer zusammen. Ihre Wege trennen sich nie. Waisen werden von allen aufgenommen, trauernde Partner getröstet. Wenn ein Tier erkrankt, legt die gesamte Kolonie eine Rast ein, egal bei welchem Wetter oder an welchem Ort. Gegenseitig schüt-

zen sie sich vor Seelöwen und schaffen es sogar, gemeinsam Schwertwale in die Flucht zu schlagen.
Pinguine überleben also die Extreme nur deshalb, weil sie *gemeinsam* alles schaffen und Freude und Leid miteinander teilen.

Weiterführung: Verstünde es doch der Mensch, wenigstens die Tiere zu verstehen!

141. Ein Hund erfüllte ihr Leben

Hinführung: Viele freuen sich, wenn sie nach Hause kommen und der Hund sie so freudig begrüßt wie sonst keiner im Haus.
Wir hören eine Begebenheit, in der ein Hund zum besonderen Trost wird.

Ein Schriftsteller berichtet: Meine Tante Therese hatte im Zweiten Weltkrieg ihre beiden Söhne verloren, aber sie hatte nicht trauern können – es war ihr nicht gegeben, oder sie hatte es nie gelernt –, und daher war sie in Depression versunken. Sie saß, wo sie gerade saß, und blieb da sitzen, wo sie saß, und sah vor sich hin und hielt einen Hund auf dem Schoß. Der Hund, mit der Wärme seines Körpers, der Weichheit seines Fells, seinem Gähnen und seinem Gewedel, hatte sie am Leben erhalten. Sie sah auf den Hund vor sich, auf dem ihre Hände lagen, und auf ihre Hände, die auf dem Rücken des Hundes lagen, und so hatte ihr Blick einen Gegenstand, und sie hatte ein Gegenüber in der Gestalt des Hundes und ihrer Hände, und so war ihre Welt nicht leer, sondern gefüllt mit Händen und Hund.
Sie hatte drei Hunde überlebt, die Nelly, Pfiffi und Heidi hießen und Großmutter, Mutter und Kind waren. Man sorgte dafür, dass stets ein Hund für sie zur Hand war, und ich bin nicht sicher, dass man Besseres für sie hätte tun können.

Weiterführung: Die Geschöpfe Gottes bleiben uns ein Trost, wenn alle Menschen gegangen sind.

142. Der Treueste

Hinführung: Tiere zeigen oft eine Treue, an der sich Menschen ein Beispiel nehmen können.

Es wird glaubhaft berichtet, dass ein Blindenhund nach dem Tod seines Herrchens drei Tage und drei Nächte nicht von seinem Grab wegzukriegen war. Da halfen keine Bitten und keine Befehle, bis ihn ein alter Eigenbrötler mitnahm, der sich auf Hunde besser verstand als auf Menschen. Aber jeden Tag lief der Hund zum Bus, wie damals mit seinem Herrn – der Fahrer wusste schon Bescheid und ließ ihn einsteigen, bis er am Friedhof ausstieg, zum ungepflegten Grab lief, die welken Blumen beschnüffelte, sich niederließ, den Kopf auf die Pfoten legte und dann lange regungslos verharrte.
Manchmal sagte der Friedhofsgärtner zu Leuten, die sich verwundert zeigten: »Unser treuester Besucher!«

Weiterführung: Die Teilnehmer/innen erzählen lassen.

Gebet

143. Du bist nicht allein

Hinführung: Wer betet, ist ab diesem Augenblick nicht mehr allein.
Von dieser Erfahrung erzählt eine Frau:

»Ich hatte furchtbare Angst vor der Operation. Die Ärzte hatten mir gesagt, dass mein Leben auf der Kippe steht. Was sollte mein Mann machen: mit einem Neugeborenen und zwei kleinen Söhnen?

Mitten in meiner Verzweiflung sah ich plötzlich bewusst das Kreuz an der Wand. Hatte er nicht auch in seiner extremen Not gerufen: ›Mein Gott, warum hast du mich verlassen!?‹ Auf einmal fühlte ich mich in meiner Todesangst ihm ganz nahe – als säße er neben mir. Ich begann zu beten. In mir wuchs das Vertrauen.
Die Ärzte staunten nach dem mehrstündigen Eingriff über meine Kondition. Ich erholte mich rasch. – Seitdem ist die Angst wie ausgeklammert aus meinem Leben. Dieses Schlüsselerlebnis wurde mir zum inneren Schatz: Ich bin nicht allein! Gott nimmt nicht die Last, aber er stärkt die Schultern! Dabei weiß ich, dass ich auch klagen darf, wenn ich mich überfordert fühle.
Seit dieser Gewissheit ›Ich-bin-nicht-allein‹ gehe ich mit allem gelassener um!«

Weiterführung: Wer beten kann, stärkt seine Seele.

144. Ora et labora

Hinführung: »Bete und arbeite!« heißt der Grundsatz vieler Mönche (besonders der Benediktiner). Ein Mönch bekommt Schwierigkeiten, als er seine Arbeit als »Gebet« einstuft.

Bruder Michael kümmert sich im Innenhof des Klosters um die Blumenbeete und sorgt für den Garten mit dem Gemüse und all den Küchenkräutern. Auch viele Heilpflanzen setzt er gekonnt bei seinen Mitbrüdern ein.
Manchmal hindert ihn die viele Arbeit, an den gemeinsamen Betzeiten teilzunehmen. Deshalb zitiert der Abt ihn herbei und ruft in sein Gewissen den Leitspruch »Ora et labora« wach: Bete und arbeite!
Bruder Michael schaut den Abt eine Zeitlang an, bittet dann um Papier und Bleistift und schreibt dann groß: »lab ora« und lächelt: »So geschrieben heißt das: Ich sehe diese Arbeit auch als Gebet an!«

Weiterführung: Grundsätzlich stimmt das, aber was wird der Abt gesagt haben? Deshalb ist es auch ein Unterschied, ob ich zu Hause bete oder in der Gemeinschaft mit anderen.

145. Die »Betenden Hände«

Hinführung: Eines der bekanntesten Werke von Albrecht Dürer sind die »Betenden Hände«, oft bei Todesanzeigen abgebildet. Die wenigsten kennen aber die Hintergründe:

Um 1490 lebten Albrecht Dürer und Franz Knigstein als junge Künstler zusammen. Sie waren beide arm und mussten hart für ihren Lebensunterhalt arbeiten. So machten sie künstlerisch kaum Fortschritte. Da trafen sie eines Tages ein Abkommen, sie würden losen, wer von beiden nur arbeiten sollte, damit der andere sich ganz dem Kunststudium widmen könnte. Albrecht gewann und studierte nun mit aller Kraft, während Franz für beide den Lebensunterhalt verdiente. Später würde dann Albrecht für Franz sorgen, damit er sich dann auch dem Studium widmen könnte.

Albrecht Dürer reiste durch Europa, war begabt und erfolgreich. Als er nach Jahren zu Franz zurückkehrte, um sein Versprechen einzuhalten, waren dessen Finger durch die harte Arbeit steif, verkrümmt und entzündet. Aber Franz war nicht neidisch und verbittert, sondern freute sich über den Erfolg des Freundes.

Eines Tages überraschte Dürer seinen Freund und traf ihn kniend an, die verkrüppelten Hände zum Gebet zusammengelegt. Schnell machte Dürer eine Skizze und vollendete später eines seiner bekanntesten Werke, die betenden Hände.

Dieses Kunstwerk, das um die ganze Welt ging, erzählt eine Geschichte von Liebe und Opfer und erinnert jeden Betrachter an die wahre Quelle von Kraft und Trost.

Weiterführung: Hier fließen also Arbeit und Gebet auf besondere Weise ineinander und bringen Segen.

146. Gebete wie in den Himmel steigende bunte Luftballons

Hinführung: Gebete sind wie in den luftleeren Raum gesprochen: Eine Person, die glaubt, weiß, dass sie gehört werden.

Einmal führte mich Gott hinaus auf den Jahrmarkt. Zwischen all den bunten Lichtern, zwischen Schießbuden und Zuckerwattestand deutete er auf einen kleinen Jungen, der mit leuchtend feuchten Augen vor dem Luftballonverkäufer stand. Der Mund war staunend offen und der kleine Knirps strahlte vor Freude.
»Wenn du beten willst«, sprach Gott, »sollst du voller Vertrauen so beten: mit der Hoffnung und der Freude dieses Kindes, mit seiner Begeisterung in den Augen, mit diesem Staunen im Gesicht!
Deine Gebete sollen sein wie die vielen bunten Luftballons des Jahrmarktverkäufers. Fülle sie prall mit allem, was dich treibt! Fülle die leere Hülle mit all deinen Nöten! Forme den Ballon! Lass deinem Gebet Raum wie diesem Luftballon!
Sieh die Schnur an seinem Knoten: Sie sei dir Zeichen für die Verbindung deiner Gebete zwischen Himmel und Erde! An ihrem Ende eine Postkarte: Platz für Persönliches. Du hast nur eine Karte, nutze sie; setze alles auf diese eine Karte!
Sieh, wie der Ballon zum Himmel treibt. Flehe, schreie, brülle zum Himmel. Aber dann – lass los! Lass ihn steigen und du wirst ruhiger und freier. Alles wird dir leichter. Lass los! Und lass mir, deinem Gott, die Freiheit des Windes, deine Gebete hinzutreiben nach meinem Willen. Sei gewiss: Sie werden behütet auf gutem Boden landen.«

Weiterführung: Lass Gebete wie Luftballons steigen und es wird uns leichter ums Herz.

147. Im Gebet Danke sagen

Hinführung: Meistens bedrängen wir Gott im Gebet, wenn wir ein Anliegen haben. Aber was spricht dagegen, ihn anzurufen, um ihm zu danken?

Es klingelt an der Pfarrhaustür. Ich sitze vor dem PC, die Sekretärin ordnet Papiere in den Aktenordner. Ein Mann, ein Riese, möchte ich fast sagen, betritt das Pfarrbüro. Ein knapper Gruß. Er stellt eine 1,50 m große Kerze ab und sagt: »Würden Sie die bitte aufstellen? Es hat alles gut geklappt!«
Der Mann nickt und geht.
Die Sekretärin und ich sehen uns an. Keiner von uns beiden kannte ihn. Eine Gedenk- oder Dankeskerze? Was könnte der Grund sein für diese Kerze: Eine wunderbare Heilung, ein gutes Prüfungsergebnis, der gewünschte Ausgang eines Prozesses, eine glückliche Geburt nach einer schwierigen Schwangerschaft?
In unserem Land wird viel geklagt, ja gejammert. Und manch einer macht Gott dafür verantwortlich. Dürfte es nicht oft heißen: »Es hat alles geklappt!«?

Weiterführung: »Dankbarkeit ist die Wachsamkeit der Seele gegen die Kräfte der Zerstörung«, hat ein Weiser (Gabriel Marcel) gesagt. Wenn wir dankbar sind, tun wir also auch etwas für uns selbst.

148. Der Drahtkorb

Hinführung: Manche haben aufgehört zu beten, weil sie nie das bekommen haben, worum sie baten. War es eine vergeudete Zeit?

Mit dieser Frage kam auch ein junger Mann zu einem Weisen und sagte: »Ich habe schon so viele Predigten gehört und kann Ihnen jetzt kaum noch etwas über ihren Inhalt sagen. Auch mein Beten erscheint

mir so, als rinne mir Wasser zwischen den Fingern durch – es bleibt nichts Greifbares übrig!«
»Ach ja«, sagte der Weise, »Sie sind nicht der Einzige, der so was sagt. Aber nehmen Sie bitte den schmutzigen Drahtkorb da in der Ecke, gehen Sie zu unserem Brunnen und bringen Sie mir einen Drahtkorb voller Wasser.«
Beim ersten Mal geht der junge Mann noch kopfschüttelnd, als er aber ein zweites und drittes Mal gehen muss, wächst sein Unmut: »Was soll das? Alles läuft doch heraus!« Da sagte der Weise: »Schauen Sie genauer hin: Am Anfang war der Korb dreckig, jetzt ist er sauber. Nach dem Gebet oder einer Predigt hast Du nichts Greifbares in Händen, aber es hat Dich *innerlich* gereinigt!«

Weiterführung: Sprache verrät etwas über unser Innenleben. Wenn Sie in Fernsehsendungen manchmal eine Sprache erleben, die nach unten zieht, dann wissen Sie auch etwas über das Innenleben derer, die das Manuskript geschrieben haben.

Tod

149. Der alte Kaktus

Hinführung: Je mehr die Einschränkungen und Behinderungen zunehmen, umso mehr fühlen wir die Stacheln des Lebens. Aber die Hoffnung darf weiterleben. Das will uns folgende Beobachtung sagen.

Es ist dasselbe in jedem Jahr:
»Einmal noch«, sag ich im Mai zu meinem uralten Gliederkaktus, »solltest du – als Gnadenfrist – einen schönen Sommer erleben. Dann magst du, wie andere Pflanzen auch, erfrieren.«
Und unter diesen Worten pflanze ich ihn in einen vergessenen Winkel des Gartens. Doch jeden Oktober, eh der erste Nachtfrost einfällt, find ich das verholzte Geschöpf in seinem Winkel, über und über voll Knos-

pen. Wer bringt es übers Herz, einen Kaktus voller Knospen erfrieren zu lassen? Also trage ich ihn doch wieder ins Haus.
So möge es auch mir ergehen an jenem Tag: dass Er mich, verdorrt und verholzt, wie ich bin, doch heimholt um einiger Knospen willen.

Weiterführung: Das ist das Schöne an unserem Glauben. Zu wissen, dass Gott schon unser Bemühen mit barmherzigen Augen ansieht.

150. Was ist Weiterleben?

Hinführung: Was dürfen wir uns unter »Leben nach dem Tod« vorstellen?

Ein Schiff segelt und ich stehe beobachtend – bis es am Horizont verschwindet und jemand an meiner Seite sagt:
»Es ist fort.« – Wohin fort?
Fort aus meiner Sicht, das ist alles. Es ist genauso groß, wie es war, als ich es sah. Die schwindende Größe und das totale Aus-dem-Blick-Verlieren ist in mir, nicht in ihm.
Und genau in dem Augenblick, in dem jemand an meiner Seite sagt: »Es ist fort«, gibt es andere, die sein Kommen beobachten, und Stimmen, die freudig rufen: »Da kommt es!«
Das ist Sterben und Weiterleben.

Weiterführung: Tod und Auferstehung bleiben ein Geheimnis. Aber es ist nicht richtig zu sagen: »Es ist ja noch keiner wiedergekommen«, denn Jesus kam ja aus der anderen Welt und sagt anschließend: »Ich lebe und auch ihr werdet leben.« (Joh 14,19)

151. Der bellende Kirchenlehrer

Hinführung: Wie wird es einmal auf der anderen Seite des Lebens aussehen?
Das ist doch manchmal unsere neugierige Frage. Wir hören dazu eine Begebenheit, in der ein Hund eine Antwort andeutet.

Der Schwerkranke ergriff die Hand des Arztes. »Mir ist so bange vor dem Sterben. Sagen Sie mir doch, Herr Doktor, was wartet auf mich nach dem Tode? Wie wird es auf der anderen Seite aussehen?«
»Ich weiß es nicht«, antwortete der Arzt.
»Sie wissen es nicht?«, flüsterte der Sterbende.
Statt eine weitere Antwort zu geben, öffnete der Arzt die Tür zum Gang. Da lief ein Hund herein, sprang an ihm hoch und zeigte auf jede Weise, dass er sich freute, seinen Herrn wiederzusehen.
Jetzt wandte sich der Arzt dem Kranken zu und sagte: »Haben Sie das Verhalten des Hundes beobachtet? Er war vorher noch nie in diesem Raum und kennt nicht die Menschen, die hier wohnen. Aber er wusste, dass sein Herr auf der anderen Seite der Tür ist, darum sprang er fröhlich herein, sobald die Tür aufging. – Sehen Sie, ich weiß auch nichts Näheres, was nach dem Tod auf uns wartet; aber es genügt mir, zu wissen, dass mein Herr und Meister auf der anderen Seite ist. Darum werde ich, wenn eines Tages die Tür sich öffnet, mit großer Freude hinübergehen.«

Weiterführung: Wer an den auferstandenen Jesus Christus glaubt, darf sich auch auf den Gang durch die letzte Tür freuen.

152. Es wartet einer besonders auf uns

Hinführung: Manche haben Angst vor dem Tod, weil sie auf der anderen Seite des Lebens das Gericht Gottes erwarten. Aber folgende mittelalterliche Legende, die sicher im christlichen Umfeld gewachsen ist, kann uns alle Angst nehmen. Die Legende besagt: Jesus ist mit den Erlösten!

Jesus ist mit den Erlösten zum ewigen Gastmahl im Himmel versammelt. Alle haben Platz genommen, aber Jesus beginnt nicht mit dem Mahl. Er wartet und wartet. Alle werden langsam ungeduldig. Warum fängt er nicht an? Die Spannung wächst!
Auf einmal geht die Tür auf. Judas kommt herein. Jesus steht auf und geht ihm entgegen. Zum Erstaunen aller umarmt er ihn und sagt: »Komm, mein Freund! Nimm Platz bei uns! Ich habe auf dich gewartet!«
Und das Mahl beginnt.

Weiterführung: Schon Jesus hängt am Kreuz wie eine Einladung: Kommt in meine Arme – wie der verlorene Sohn oder die verlorene Tochter im Gleichnis vom barmherzigen Vater umarmt werden.
Und Jesus hat sich auf diese erbarmende Haltung festnageln lassen!

153. Das Beste kommt noch

Hinführung: So ergeht es uns doch bei einem üppigen Essen: Selbst wenn wir übersatt sind, ist fast immer noch Platz für einen Nachtisch.

Bei einer Frau Anfang 60 war eine tödliche Krankheit festgestellt worden, und man gab ihr noch drei Monate zu leben. Sie begann, ihre Dinge in Ordnung zu bringen, und bat den Pfarrer um einen Besuch, um mit ihm über ihre letzten Wünsche zu sprechen: Sie sagte ihm, welche Lieder an ihrer Beerdigung gesungen und welches Evangelium und welche Lesung bei ihrem Requiem gelesen werden sollten und auch, mit welchem Kleid sie bestattet werden wollte, zusammen mit ihrem Kommunionkreuz und ihrer Bibel.
Als das alles geregelt schien und der Pfarrer schon gehen wollte, fiel ihr plötzlich noch etwas Wichtiges ein. »Warten Sie. Da ist noch et-

was!«, sagte sie aufgeregt. »Was denn?«, fragte der Pfarrer. »Es ist mir sehr wichtig«, sagte sie. »Ich möchte gern mit einer Gabel in der rechten Hand beerdigt werden!« Der Pfarrer sah sie an und wusste einen Augenblick lang nicht, was er sagen sollte!

»Jetzt sind Sie überrascht, nicht wahr?«, fragte die Frau. »Um ehrlich zu sein, ja, allerdings!«, erwiderte der Pfarrer. Und die Frau begann zu erklären: »Wissen Sie, in all den Jahren, in denen ich die geselligen Veranstaltungen in der Gemeinde besucht habe, beugte sich mit Sicherheit jedes Mal, wenn die Teller vom Hauptgang abgeräumt wurden, jemand vor und sagte: Behaltet aber eure Gabeln! Das war für mich der schönste Augenblick. Denn dann wusste ich, dass noch etwas Besseres kam, wie zum Beispiel ein samtiger Schokoladenkuchen oder ein schöner Apfelstrudel. Darum sollen mich die Leute mit einer Gabel in der Hand im Sarg liegen sehen und sich fragen, was das bedeutet. Und Sie sollen Ihnen sagen: ›Behaltet eure Gabeln – das Beste kommt noch!‹«

Dem Pfarrer stiegen Tränen in die Augen. Ein solches Bekenntnis zur Auferstehungshoffnung war ihm noch zu keiner Predigt eingefallen. Und er nahm die Frau bewegt in die Arme. Es war ihm klar, es war wahrscheinlich das letzte Mal, dass er sie vor ihrem Tode sah.

Die Frau starb nach wenigen Wochen, wie sie es erwartet hatte. Sie war zwar alleinstehend, aber zur Beerdigung kamen viele Leute aus der Gemeinde. Es war vereinbart worden, dass sie während der Messe im offenen Sarg vor dem Altar aufgebahrt wurde. Die Leute, die an dem Sarg vorbeigingen, sahen die Frau in ihrem schönsten Kleid und mit ihrem Kommunionkreuz und der Bibel im Arm und einer Gabel in der rechten Hand. Immer wieder hörte der Pfarrer die Frage: »Was soll denn die Gabel?« Und immer wieder lächelte er und erzählte den Leuten von dem Gespräch, das er kurz vor ihrem Tod mit der Verstorbenen geführt hatte – über die Gabel und was sie für die Frau bedeutete. Und noch lange verabschiedete er jeden Menschen, der zu ihm kam, mit diesen Worten: »Denken Sie daran: Das Beste kommt noch!«

Weiterführung: Das ist unser Glaube: Das Beste kommt noch! Die Gabel in der Hand eines Toten mag ungewöhnlich scheinen, aber sie ist die Siegesfahne für alle, die den wiederkommenden und barmherzigen Jesus erwarten.

Siehe weitere Geschichten dazu unter »Ostern«.

VI. Spruchweisheiten und Gebete für Senioren

154. Fünfzig Spruchweisheiten

Viele Senioren lieben Spruchweisheiten, die sie gerne für Glückwunschkarten aussuchen.

1. Es gibt Berge, über die man hinübermuss,
   sonst geht der Weg nicht weiter.
2. Keine Straße wird zu lang mit einem Freund an der Seite.
3. Menschen in Not melden sich wohl am seltensten selbst.
   Man muss sie entdecken. *(Friedrich Kardinal Wetter)*
4. Kannst du kein Stern am Himmel sein, sei eine Lampe im Haus!
5. Glück kann man verdoppeln, indem man es teilt.
6. Enttäuschungen sollte man verbrennen, nicht einbalsamieren.
7. Auch wenn sich eine Wolke dazwischenschiebt:
   Die Sonne scheint trotzdem weiter.
8. Wer hohe Türme bauen will,
   muss lange beim Fundament verweilen. *(Anton Bruckner)*
9. Gott legt das Messband nicht um den Kopf, sondern um das Herz.
10. Auf dem Weg zu deinem Freund
    soll kein Gras wachsen. *(Kvikne Björnson)*
11. Jeder im Dorf spendet einen Faden und der Nackte hat ein Hemd.
12. Wer Perlen sucht, muss in die Tiefe steigen.
13. Wer Gott aufgibt, der löscht die Sonne aus,
    um mit einer Laterne weiterzuwandern.
14. Vertrauen ist wie Wasser,
    das Wüsten zu Oasen macht. *(Martin Gutl)*
15. Viele kleine Leute an vielen kleinen Orten, die viele kleine Dinge tun, werden das Angesicht der Erde erneuern. *(Aus Afrika)*
16. Zweifle nicht am Blau des Himmels,
    wenn über deinem Dach dunkle Wolken stehen. *(Aus Indien)*

17. Wenige leben richtig. Viele werden bloß alt. *(Peter Hahne)*
18. Wer nicht mehr genießt, wird mit der Zeit ungenießbar. *(Anton Kner)*
19. Du weißt nicht, wie schwer die Last ist,
die du nicht trägst. *(Aus Afrika)*
20. Wenn die Kinder klein sind, gib ihnen Wurzeln.
Wenn sie groß sind, gib ihnen Flügel. *(Aus China)*
21. Gott nimmt nicht die Lasten,
sondern stärkt die Schultern. *(Franz Grillparzer)*
22. Fürchte dich nicht, langsam zu gehen;
fürchte dich nur, stehen zu bleiben. *(Aus China)*
23. Humor und Geduld sind die Kamele,
mit denen man durch jede Wüste kommt.
24. Diese Welt ist nur eine Brücke. Gehe darüber,
aber baue nicht dein Haus darauf. *(Aus Indien)*
25. Wer an das Gute im Menschen glaubt,
bewirkt das Gute im Menschen. *(Jean Paul)*
26. Die wichtigste Stunde ist immer die Gegenwart,
der bedeutendste Mensch immer der, der dir gerade gegenübersteht,
und das notwendigste Werk ist immer die Liebe. *(Meister Eckhart)*
27. Der Friede ist ein Baum,
der eines langen Wachstums bedarf. *(Antoine de Saint-Exupéry)*
28. Großer Geist! Hilf mir, dass ich niemanden richte,
ehe ich einen halben Mond lang
in seinen Mokassins gegangen bin. *(Indianisches Gebet)*
29. Geduld ist der Schlüssel zur Freude.
30. Die Seele würde keinen Regenbogen haben,
hätten die Augen keine Tränen.
31. Großmütter sind Mütter, die vom lieben Gott
eine zweite Chance bekommen haben. *(Aus Holland)*
32. Das Gebet ist die Tür aus dem Gefängnis
deiner Sorgen. *(Helmut Gollwitzer)*
33. Die Kreuze im Leben des Menschen
sind wie Kreuze in der Musik: Sie erhöhen. *(Ludwig van Beethoven)*

34. Der Glaube ist der Vogel, welcher singt, wenn die Nacht noch dunkel ist. *(Aus China)*
35. Was bedeutet mir der Schiffbruch,
wenn Gott der Ozean ist? *(Lacordaire)*
36. Es kommt nicht darauf an, wie alt man ist, sondern *wie* man alt ist.
37. Alle Finsternis der Welt reicht nicht aus,
das Licht einer einzigen Kerze zu löschen.
38. Es ist besser, ein Licht anzuzünden,
als über die Dunkelheit zu schimpfen.
39. Kränkt dich ein Mensch, verzeih ihm und versteh:
Es ist ihm selbst nicht wohl, sonst tät er dir nicht weh.
40. Wenn wir alles tun, was in unseren Kräften steht,
dann tut Gott das Übrige. *(Arnold Janssen)*
41. Man soll sich nicht ärgern, dass der Rosenstrauch Dornen trägt.
Der Dornenstrauch trägt Rosen.
42. Die Menschen, denen wir Stütze sind,
die geben uns Halt. *(Marie von Ebner-Eschenbach)*
43. Ich falte die Hände, die lahmen, im Geist und bete ins Dunkel, dass es zerreißt. *(Gebet von Ernst Ginsberg, einst Schauspieler und Regisseur, der aufgrund einer schweren Erkrankung mit Muskelschwund weder sprechen noch seine Hände bewegen konnte)*
44. Man muss das Gute tun,
damit es in der Welt ist. *(Marie von Ebner-Eschenbach)*
45. Durch eine Träne kann ich oft weiter sehen
als durch ein Fernglas. *(Peter Hahne)*
46. Ich bleibe derselbe, so alt ihr auch werdet;
bis ihr grau werdet, will ich euch tragen. *(Jesaja 46,4)*
47. Nicht auf die Jahre des Lebens kommt es an,
sondern auf das Leben in den Jahren.
48. Ich komme, weiß wohl, woher. Ich gehe, weiß wohl, wohin.
Mich wundert, dass ich traurig bin. *(Martin Luther)*
49. Keiner ist weise, der das Dunkel nicht kennt. *(Hermann Hesse)*
50. Vielleicht lässt der Herr in unserem Leben so viele Laufmaschen zu, damit wir sie als Strickleitern benutzen. *(Kyrilla Spiecker)*

155. Gebete – besonders für Senioren

Morgengebete

1. Guter Gott!
Zu Beginn des Tages will ich meine Hände falten und beten.
Mit diesen Händen kann ich heute Streit schlichten und schlagen,
helfen und abweisen, verbinden und zerstören.
Lass mich dazu beitragen, dass heute
Gemeinschaft in unserer Mitte möglich wird.
Und wenn etwas misslingt, hilf mir,
die Fehler nicht nur bei anderen zu suchen.
Guter Gott! Nur für heute nehme ich mir fest vor,
niemand zu kritisieren – höchstens mich selbst.
Nur für heute will ich etwas tun, wozu ich keine Lust habe –
und hier oder da einmal mithelfen,
auch wenn ich nicht dazu eingeteilt bin.
Nur für heute will ich versuchen, meine schlechte Laune zu bekämpfen, damit ich die Stimmung der anderen nicht drücke.
Nur für heute will ich mich bemühen, deine schöne Welt genauer zu betrachten, damit sich mein Blick öffnet und weitet
für die kleinen Wunder am Wege.
Nur für heute will ich nicht vergessen, dass du mir nahe bist
und mich begleiten willst, als gäbe es sonst niemand auf der Welt.
TEILWEISE NACH JOHANNES XXIII.

2. Herr, mein Gott!
Du hast mir den neuen Tag geschenkt
und mit ihm ein neues Stück Leben.
Ich danke dir, dass ich leben darf;
dass du mich geschaffen,
mit vielen Fähigkeiten und Talenten ausgestattet
und mir Gelegenheit geschenkt hast,
etwas Sinnvolles zu leisten
und dabei zufrieden und froh zu sein.

Herr, ich danke dir,
dass du mir auch heute alles gibst,
was ich zum Leben brauche.
Ich danke dir, dass du an mich denkst
und dass du mich allezeit liebst.
Dir weihe ich diesen neuen Tag,
mein Denken und Tun, mein Mühen und Ruhn,
was mich froh macht, was mir schwerfällt.
Segne mich, dass dieser Tag und was er mir bringt,
dir zur Ehre sei und mir zum Heil.

3. *Morgengebet von Mahatma Gandhi*
Ich will heute bei der Wahrheit bleiben.
Ich will mich heute keiner Ungerechtigkeit beugen.
Ich will heute frei sein von Furcht.
Ich will heute keine Gewalt anwenden.
Ich will heute guten Willens sein gegen jedermann.

Mittags: vor dem Essen

4. Herr, wir dürfen uns jetzt wieder satt essen.
So viele Menschen blicken nur auf einen leeren Tisch.
Lass die vielen Nationen auf Erden doch so teilen,
dass alle genug zu essen haben.
Segne, Vater, unser Essen und unser Zusammensein hier.
Lass uns Streit und Missgunst jetzt vergessen.
Schenke uns vielmehr ein frohes Herz,
damit wir neue Kräfte schöpfen können.

5. Danke, Herr, für die guten Gaben, die uns jetzt geschenkt sind.
Sie stillen unseren kleinen Hunger. Wir bitten dich auch um das,
was mit Essen und Trinken alleine nicht zu erreichen ist:
Schenke uns Freude am Leben und ein gutes Miteinander.
Und rufe uns einmal an deinen Tisch beim himmlischen Hochzeitsmahl.

6. Herr, Jesus Christus,
du hast einst mit deinen Jüngern zu Tisch gesessen.
Wir laden dich ein, auch jetzt in unserer Mitte zu sein:
Hilf uns dabei, eine gute Tischgemeinschaft zu werden.

7. Herr, unser Gott, wir brauchen die Speisen,
damit sie uns stärken für diesen Tag.
Noch mehr brauchen wir die Sympathie derer,
die mit uns am Tisch sitzen.
Am meisten aber brauchen wir deine Barmherzigkeit
für all das, was wir immer wieder falsch machen.
Hilf uns jetzt,
zu einem guten Miteinander beim Essen beizutragen.

8. Gott, wir danken dafür, dass wir zusammen essen dürfen.
Sei auch bei denen, die beim Essen allein sind.
Und danke dafür, dass wir überhaupt etwas zu essen haben.

Mittags: nach dem Essen

9. Guter Gott!
Wir gehören zu dem Drittel der Menschheit,
das genug zu essen hat;
ja, das übrig gebliebenes Essen wegwirft.
Und dennoch sind wir oft unzufrieden.
Verzeihe uns und allen,
wenn wir dir nicht von ganzem Herzen danken.

10. Guter Gott!
Speise und Trank verdanken wir letztlich dir;
auch Gesundheit und Glück, Leben und Liebe.
Wir nehmen es dankbar an aus deiner guten Hand.
Lass uns davon weitergeben,
damit wir eine gute Gemeinschaft werden!

11. Dir sei, o Gott, für Speis und Trank,
für alles Gute Lob und Dank.
Du gabst, du wirst auch weiter geben.
Dich preise unser ganzes Leben.

12. Herr, zum Leben gehört nicht nur Essen und Trinken.
Jetzt, da wir satt geworden sind, bitten wir dich herzlich:
Schenke uns auch Geduld und Vertrauen,
Gesundheit und Gemeinschaft,
Hoffnung und Liebe – damit deine Nähe spürbar wird.

13. Wir danken dir, du treuer Gott,
für unser täglich Brot.
Lass uns in dem, was du uns gibst,
erkennen, Herr, dass du uns liebst.

Abends

14. Herr, du allein weißt, wie viel dieser Tag wert war.
Ich möchte jetzt allen vergeben, die mir Unrecht getan haben.
Verzeihe mir, was ich versäumt oder falsch gemacht habe.
Danke, Herr, dass du uns alle heute behütet hast.

15. Gott, du hast ein Herz für alle Menschen!
An diesem Abend möchte ich dir danken:
Danke, dass ich satt wurde, dass mich dieses Haus
vor Sonne, Regen und Wind geschützt hat.
Danke für alles, was mir heute gefallen hat.
Danke für alle, die sich auf mich eingelassen haben.
Hilf mir auch, zu verarbeiten, was mich geärgert hat.
Verzeihe mir, wenn andere von mir
etwas vergeblich erwartet haben.
Lass uns jetzt gut schlafen können.

16. Danke, Herr, für den schönen Tag!
Schenke uns jetzt eine ruhige Nacht,
damit wir morgen mit frischen Kräften Neues erleben können.
Ich bitte dich auch für alle, die krank sind und Schmerzen haben;
für alle, deren Tag im Streit zu Ende geht;
für alle, die mit ihrem Leben nicht fertig werden.
Segne sie und uns – jetzt und alle Tage.

17. Mächtiger Gott.
Du brauchst nicht unser Gebet, aber *wir* brauchen es.
In uns weitet sich der Blick,
wenn wir mit dir zu sprechen versuchen.
So hilf uns zu überlegen:
Haben wir heute nur in den Tag hineingelebt, ohne Rücksicht auf die anderen?
Waren wir unausstehlich und verletzend?
Wollten wir immer recht haben?
Konnten wir zuhören?
Waren wir ehrlich? Hilfsbereit? Dankbar? Versöhnlich?
Verzeihe uns, Herr, wenn wir unser Ich zu breit gemacht haben,
sodass für eine Gemeinschaft kein Platz mehr blieb.
Lass es uns morgen besser machen!

18. Herr, ich bitte dich jetzt für alle,
die von diesem Tag enttäuscht sind;
für alle, die sich verstoßen und allein gelassen fühlen;
für alle, die unter Heimweh zu leiden haben;
für alle, deren Liebe nicht beantwortet wurde;
für alle, die diesen Tag als verloren ansehen;
für alle, die unter Schmerzen und mit Angst einschlafen müssen;
für alle, die nicht den Weg des Friedens
und der Versöhnung gegangen sind.
Schenke uns morgen einen Tag,
an dem alles besser wird – auch durch uns.

19. Bleibe bei uns, Herr, denn es ist Abend geworden.
Bleibe bei uns und bei allen Menschen.
Sei bei denen, die in Angst und Not leben müssen.
Und lass die Kranken gut schlafen.

Dank

20. Danke an alle, die Verständnis dafür zeigen,
dass ich schneller vergesse und nicht mehr so belastbar bin.
Danke an alle, die unterdrücken zu sagen:
»Das hast du mir heute schon zweimal erzählt.«
Danke an alle, die zu verstehen suchen,
dass ich gerne Erinnerungen an frühere Zeiten wachrufe.
Danke an alle, die mich erfahren lassen,
dass ich noch gebraucht werde; dass ich geliebt,
geachtet und nicht allein gelassen bin.
Erlöse mich, Herr, von der großen Leidenschaft,
die Angelegenheiten anderer Leute ordnen zu wollen.
Nimm mir die Lust, meine Krankheiten und Beschwerden
ausgedehnt zu beschreiben.
Lehre mich die wunderbare Weisheit,
auch im Alter noch hinzulernen zu können
und in anderen Menschen
erwähnenswerte Fähigkeiten zu entdecken.
Gesegnet seien alle, die gut zu mir sind,
und mir Achtung, ja Ehrfurcht, entgegenbringen.
Ich werde sie bestimmt nicht vergessen,
wenn ich einmal bei Gott angekommen bin.

Bitte

21. Mein Herr und mein Gott,
gib, dass ich nicht so sehr danach trachte,
mich zu rechtfertigen, als zu trösten;
Gehorsam zu finden, als zu begreifen;
geehrt zu werden, als zu lieben.

Denn dadurch, dass wir uns selber schenken,
bringen wir Heilung,
dadurch, dass wir zuhören, spenden wir Trost,
und durch das Sterben werden wir geboren zum ewigen Leben.

FRANZISKUS VON ASSISI

22. Herr, schicke mir eine Überraschung,
eine Überraschung, die mich das Staunen lehrt.
Schicke mir ein Wunder – wie Ostern.
Schicke mir eine Auferstehung,
wenn mir alles wie tot erscheint.
Schicke mir ein Licht, wenn mir die Nacht zu lang wird.
Schicke mir den Frühling, wenn die kalte und
froststarre Zeit nicht enden will.
Schicke mir eine neue Idee,
wenn mein Geist wie ausgeleert ist.
Schicke mir etwas, das ich erledigen kann,
wenn ich nur mit Worten beschäftigt bin.
Schicke mir Frieden,
wenn ich voller Angst und Schrecken bin.
Schicke mir die Zukunft, wenn alles hoffnungslos ist.
Schicke mir deine Auferstehung,
wenn ich sterben muss, Herr.

TEILWEISE NACH GERD LOGEMANN

23. Herr, schenke mir:
einen Mund, ein gutes Wort zu sagen;
zwei Hände, die zärtlich sind beim Handeln;
zwei Ohren, die offen sind für Leises;
ein Herz, das Platz hat für die Liebe;
zwei Augen, zu sehen Gutes und Böses;
zwei Füße, den Weg nach Haus zu finden;
einen Menschen, der mir zur Heimat wird,
und Vertrauen, in dem ich geborgen bin.

24. Herr, mach mich zum Werkzeug deines Heils:
Wo Krankheit ist, lass mich Heilung bringen;
wo es Verwundungen gibt, Hilfe;
wo es Leiden gibt, Linderung;
wo Traurigkeit herrscht, Trost;
wo Verzweiflung ist, Hoffnung;
wo der Tod ist, Einwilligung und Frieden.

25. Bleibe bei uns, Herr, denn es will Abend werden
und der Tag hat sich geneigt.
Bleibe bei uns und bei deiner ganzen Kirche.
Bleibe bei uns am Abend des Tages,
am Abend unseres Lebens, am Abend der Welt.
Bleibe bei uns mit deiner Gnade und Güte,
mit deinem Wort und Sakrament,
mit deinem Trost und Segen.
Bleibe bei uns, wenn über uns kommt
die Nacht der Trübsal und Angst,
die Nacht des Zweifels und der Anfechtung,
die Nacht der Armut und Furcht.

Lebensweisheiten

26. Geh ruhig und gelassen durch Lärm und Hast.
Sei des Friedens eingedenk, den die Stille bergen kann!
Vertrage dich mit allen Menschen,
aber liefere dich ihnen nicht aus!
Wovon du überzeugt bist, sage ruhig und klar!
Höre dabei den anderen zu, auch den Geistlosen und Unwissenden,
denn auch sie haben ihre Geschichte!
Meide aber laute und aggressive Menschen!
Freue dich dessen, was du erreicht hast!
Bleibe an deinem eigenen Weg und an deinem Beruf interessiert,
denn sie sind im Wandel der Zeiten ein echter Besitz!
Sei du selbst! Heuchle nicht Zuneigung!

Was die Liebe anbelangt, werde nicht zynisch;
denn trotz aller Dürre und Enttäuschungen
ist sie doch ewig wie das Gras!
Gib mit Würde und Gelassenheit die Sicht der Jugend auf!
Stärke die Kraft deines Geistes, damit du bei einem
unvorhergesehenen Unglück geschützt bist!
Quäle dich nicht mit Sorgen von morgen, die du dir einbildest!
Denn viele Ängste kommen aus Ermüdung und Einsamkeit!
Neben einem gesunden Maß an Selbstdisziplin sei gut zu dir!
Du hast ein Recht darauf, auf dieser Welt zu sein,
denn du bist nicht weniger ein Kind des Universums
als die Bäume und Sterne auch!
Lebe in Frieden mit Gott, wie auch immer du ihn verstehst!
Und lebe im Frieden mit deiner Seele –
auch wenn lärmendes Durcheinander dich bedrängt!
Trotz aller Plackerei und aller Heuchelei,
trotz aller Enttäuschungen und zerbrochenen Träume,
ist es dennoch eine schöne Welt.
So strebe danach, in ihr glücklich zu sein.

NACH DEN TEXTEN AUS ST. PAUL/BALTIMORE 1692

27. Selig, die Verständnis zeigen
für unseren stolpernden Fuß und unsere lahmende Hand.
Selig, die begreifen, dass unser Ohr sich anstrengen muss,
um aufzunehmen, was man zu uns spricht.
Selig, die mit freundlichem Lachen verweilen,
um ein wenig mit uns zu plaudern.
Selig, die niemals sagen:
»Das hast du mir heute schon zweimal erzählt.«
Selig, die verstehen,
Erinnerungen an frühere Zeiten in uns wachzurufen.
Selig, die uns erfahren lassen,
dass wir geliebt, geachtet und nicht allein gelassen sind.
Selig, die uns gütig die Tage, die uns noch bleiben, erleichtern.

28. Selig, die Geduld mit mir haben.
Selig, die meine Gedanken nicht für träge halten.
Selig, die meine Talente in mir entdecken.
Selig, die verstehen, was ich nur schwer sagen kann.
Selig, die ihren Mund für mich öffnen und für mich sprechen.
Selig, die mit freundlichem Lachen bei mir verweilen.
Selig, die mich nicht allein lassen.
Selig, die sich Zeit für mich nehmen.
Selig, die mich erfahren lassen, dass ich geliebt und geachtet bin.

Segensgebete

29. Der Herr sei vor dir, um dir den rechten Weg zu zeigen.
Der Herr sei neben dir, um dich in die Arme zu schließen,
um dich zu schützen vor Gefahren.
Der Herr sei hinter dir,
um dich zu bewahren vor der Heimtücke des Bösen.
Der Herr sei unter dir, um dich aufzufangen, wenn du fällst.
Der Herr sei in dir, um dich zu trösten, wenn du traurig bist.
Der Herr umgebe dich wie eine schützende Mauer,
wenn andere über dich herfallen.
Der Herr sei über dir, um dich zu segnen.
So segne dich der gütige Gott – heute und morgen und immer.
DEM HL. PATRICK VON IRLAND ZUGESCHRIEBEN

30. Gott segne die Erde, auf der wir jetzt stehen.
Gott segne den Weg, auf dem wir jetzt gehen.
Gott segne das Ziel, für das wir jetzt leben.
Segne uns auch, wenn wir rasten.
Segne das, was unser Wille sucht.
Segne das, was unsere Liebe braucht.
Segne das, worauf unsere Hoffnung ruht.
Segne unseren Blick und unsere Begegnungen.
NACH EINEM ALTKELTISCHEN SEGENSGEBET

Vom Alter

31. Herr, Gott, du selber hast das Menschenleben in Stufen eingeteilt
und das Alter geschaffen.
Lass nicht zu, dass ich eine/r dieser brummigen Alten werde,
immer bereit zu knurren und zu nörgeln,
sich selber unausstehlich und für die anderen unerträglich.
Bewahre mir das Lächeln und das Lachen,
selbst wenn man dabei den zahnlosen Mund
oder die künstlichen Zähne sehen kann.
Bewahre mir den Sinn für Humor,
der die Dinge, die Menschen – und auch mich selber –
an den richtigen Platz stellt;
der uns erlaubt, über unsere kleinen Übel zu lachen
und unsere Schwächen mit einem Scherz zu quittieren.

32. Du hast mir die Jahre geschenkt,
damit ich meine Lebensaufgabe erfülle.
Stärke mich mit Weisheit und Geduld,
dass ich nicht aufdringlich werde.
Ich will der nachkommenden Generation
mit Herzensliebe zur Verfügung stehen.
Lass mich froh sein über das Lebenswerk,
das mich all die Jahre beschäftigt hat.
Wenn auch vieles zerflossen ist
wie der Sand zwischen den Fingern,
so war es doch ein Geschenk.
Und was ich nur für kurze Zeit hatte,
war auch ein Ausfluss deiner Liebe.
Viele deiner Gaben sind nun vergangen,
und du bist immer der Gleiche geblieben:
Du bist gütig, wenn du gibst,
und gütig, wenn du nimmst.
Dir weihe ich jetzt mein Leben
und vertraue ganz auf deine Liebe.

Zuversicht und Glaube

33. Wer Glauben hat, der zittert nicht.
Er überstürzt nicht die Ereignisse;
er ist nicht pessimistisch eingestellt;
er verliert nicht die Nerven.
Glauben – das ist die *Heiterkeit,* die von Gott kommt.
– Wer Glauben hat, der versteckt sich nicht.
Er verschließt nicht die Augen vor den Mitmenschen;
er schaut nicht an der Not und Unterdrückung vorbei;
er vergisst nicht seine Schwestern und Brüder.
Glauben – das ist die *Offenheit,* die von Gott kommt.
– Wer Glauben hat, der dreht sich nicht um sich selbst.
Er behält seine Freude nicht für sich selbst;
er hängt sich nicht von den anderen ab;
er verfolgt nicht egoistische Ziele.
Glauben – das ist die *Solidarität,* die von Gott kommt.
– Wer Glauben hat, der lernt niemals aus.
Er schielt nicht nach dem besseren Himmel;
er urteilt nicht nach unbedachten Maßstäben;
er maßt sich nicht das vollkommene Wissen an.
Glauben – das ist die *Veränderung,* die von Gott kommt.
– Wer Glauben hat, der hält nicht an sich selbst fest.
Er verweist nicht auf die eigenen Probleme;
er schiebt nicht allerhand Einwände vor;
er misstraut nicht der Treue Gottes.
Glauben – das ist die *Hingabe,* die von Gott kommt.
PAPST JOHANNES XXIII.

34. Ich will glauben an einen Gott,
der auf krummen Zeilen gerade schreiben kann;
an einen Gott, der warten kann.
Darum will ich nicht glauben an das Recht des Stärkeren;
an die Sprache der Waffen;
an die Macht der Mächtigen.

Ich will vielmehr glauben
an die offene Hand des Menschen;
an die Gewaltlosigkeit;
an die Ohnmacht der dicken Brieftaschen.
Ich will glauben an einen Gott,
der den Menschen Freiheit gegeben hat;
der blutenden Herzens sieht,
wie oft wir diese Freiheit missbrauchen.
Darum will ich nicht glauben,
dass Liebe und Freundschaft immer schiefgehen müssen;
dass Worte nur Lügen sind;
dass Treue nicht zählt.
Ich will vielmehr glauben an die Liebe, die trägt;
an ein verzeihendes Lächeln;
an den neuen Anfang.
Ich will glauben an einen Gott, der das letzte Wort spricht;
an einen neuen Himmel;
an eine neue Erde.

In schwerer Krankheit

35. Herr, wie reich sind doch gesunde Menschen.
Ich spüre, was es heißt, auf andere angewiesen zu sein.
Meine Abhängigkeit, meine Ohnmacht, meine Verzweiflung
nehmen mir den Atem. Ich weiß nicht mehr ein noch aus.
Meine ausgetrocknete Seele lässt nur dürre Worte zu.
Meine Schuldgefühle zerren mich unaufhaltsam in die Tiefe.
Ich fühle mich wie gefesselt
von Müdigkeit, Leere und Ausweglosigkeit.
Wer kann dich begreifen, Gott?
Ich schreie es heraus: Bei mir ist die Grenze erreicht.
Du schickst mehr, als ich tragen kann.
Ich finde selbst dich nicht mehr.
Und mich habe ich auf den vielen Umwegen verloren.
Nimm mich in deine verzeihenden Arme!

Löse die Ängste, die mich zu ersticken drohen!
Brich mein Misstrauen auf
und durchdringe mich mit deiner lebendigen Nähe!
Lass eine Antwort wachsen
in meinen quälenden Fragen nach Ziel und Sinn!
Verwandle meine Ungeduld in Geduld!
Schenk mir eine lebenswerte Zukunft!
Lösch aus in mir, was deinem Geist im Wege steht!
Wenn die Nacht zu undurchdringlich wird,
bespanne den Regenbogen der Hoffnung mit den Farben der Liebe!
Und gib mir neuen Mut und Stärke, mein Lebensboot zu steuern!

Für einen Verstorbenen

36. Vater, du hast meinen Mann/meine Frau zu dir genommen.
Wir sind ein Stück unseres Lebens miteinander gegangen.
Wir haben vieles miteinander geteilt, Freud und Leid,
frohe und schwere Stunden. Es war schön,
wenn es auch nicht immer leicht war. Dafür danke ich dir.
Nun hat mein Mann/meine Frau zuerst das Ziel erreicht.
Ich bleibe allein zurück.
Lohne ihm/ihr alle Liebe und Treue mit ewiger Freude;
mir aber gib Kraft zu sagen: *Dein* Wille geschehe,
auch wenn dein Weg unbegreiflich ist.
Und lass uns im Himmel mit dir vereint sein.

Quellennachweis zu den Kurzgeschichten

Trotz intensiver Bemühungen ist es uns nicht gelungen, alle Rechteinhaber zu ermitteln. Wir bitten diese daher um Verständnis, wenn wir gegebenenfalls erst verspätet eine Abdruckhonorierung vornehmen können.

81. Genaue Quelle unbekannt
82. Teilweise nach Heinrich Bücker
83. Genaue Quelle unbekannt
84. Jun Hao Hung. Gefunden in facebook
85. Nach einer russischen Legende
86. Neu erzählt nach Christoph von Schmid, 50 lehrreiche Geschichten, Matthias-Grünewald-Verlag, Mainz, o. J., S. 18 f
87. Nach einer Kurzgeschichte von Walter Baudet
88. Quelle unbekannt, verkürzt
89. Genaue Quelle unbekannt
90. Nach Charles Dickens
91. Nach einer alten Legende
92. Überliefert, stark verändert
93. Überliefert
94. © Heribert Haberhausen, Iserlohn
95. Genaue Quelle unbekannt
96. Überliefert
97. Genaue Quelle unbekannt
98. Anthony de Mello, Der leere Stuhl. Aus: ders., Meditieren mit Leib und Seele. Neue Wege der Gotteserfahrung, S. 113ff. Übersetzt von Martin Kämpchen © 2008 Butzon & Bercker GmbH, Kevelaer, www.bube.de
99. Genaue Quelle unbekannt
100. Nach Richard von Volkmann-Leander, Das kleine bucklige Mädchen, aus: ders., Träumereien an französischen Kaminen
101. Stark verkürzt nach Reinhold Stecher, Ein Singen geht über die Erde
102. © Doris Adrian
103. © Hubert Maria Ries
104. Axel Kühner, Glaube, Liebe, Hoffnung, in: ders., Zuversicht für jeden Tag. © 2002 Neukirchener Verlagsgesellschaft mbH, Neukirchen-Vluyn, 7. Auflage 2017, S. 252
105. Willi Hoffsümmer, nach einer überlieferten Geschichte
106. Axel Kühner, Die Augen des Glaubens, in: ders., Überlebensgeschichten für jeden Tag. © 1991 Neukirchener Verlagsgesellschaft mbH, Neukirchen-Vluyn, 24. Auflage 2023, S. 71
107. Genaue Quelle unbekannt
108. Aus: Wolfgang Raible/Reinhard Abeln, Pausen-Zeiten für jeden Tag © 2003 Butzon & Bercker GmbH, Kevelaer, www.bube.de

109. Lindolfo Weingärtner © Rechte beim Autor
110. Nach James Keller
111. Aus Afrika
112. Genaue Quelle unbekannt, verändert
113. Helmut Jaschke, Hoffnungsgeschichten zu Texten der Evangelien. Mit didaktischen Anregungen und Kopiervorlage für den Religionsunterricht mit 8–13-jährigen © St. Ulrich Verlag/Wewel Augsburg, 2002. www.sankt-ulrich-verlag.de
114. Genaue Quelle unbekannt
115. Armin Kaupp © Rechte beim Autor
116. Aus Afrika
117. Ingrid Rose
118. Armin Kaupp © Rechte beim Autor
119. Verkürzt nach Peter Paal
120. Aus dem Judentum
121. Überliefert
122. © Katharina Seidel
123. Genaue Quelle unbekannt
124. Hans Christian Andersen
125. Aus China
126. Märchen aus Nordafrika
127. Aus Westeuropa – neu erzählt, genaue Quelle unbekannt
128. Aus: Friedrich Dietz, Zwei Minuten vor dem Tag, Verlag Parzeller/Butzon & Bercker, S. 52 © Rechte bei Winfried Engel
129. Aus dem Internet. Genaue Quelle unbekannt
130. Überliefert
131. Nach D. Piper/C. Murphy
132. Nach Cleveland Amory
133. © Ursula Berg
134. Nach einem indischen Märchen
135. Rudolf Stertenbrink, Gottes Wort auf der Spur. Literarische Inspirationen für Predigt und Verkündigung. Verlag Herder GmbH, Freiburg i. Br. 2010 © beim Autor
136. © Katharina Seidel
137. Marcel de Lay, Frankreich
138. © Pater Adalbert Ludwig Balling
139. Nach Dan Clark
140. Nach Dorothee Teves
141. Theodor Weißenborn © Rechte beim Autor
142. Stark verkürzt nach Helmut Pätz
143. Leserbrief an eine Illustrierte
144. © Heribert Haberhausen, Iserlohn

145. Axel Kühner, Die Liebe aber ist die Größte, in: ders., Voller Freude und Gelassenheit. 365 Andachten. © 2011 Neukirchener Verlagsgesellschaft mbH, 4. Auflage 2018, S. 54
146. Armin Kaupp © Rechte beim Autor
147. Leicht verkürzt aus: Rainer-Matthias Müller, Mein Leben – vom Umtausch ausgeschlossen © Matthias Grünewald Verlag der Schwabenverlag AG, Ostfildern 2004. www.verlagsgruppe-patmos.de
148. Überliefert, genaue Quelle unbekannt
149. © Katharina Seidel
150. Nach Bischof Brent
151. © Pierre Lefèvre
152. Mittelalterliche Legende
153. Genaue Quelle unbekannt